MARRIAGE PSYCHOLOGY
婚姻心理学
婚姻是最好的修行

（美）霍妮 著 / 徐淑贞 编译

中国华侨出版社

图书在版编目（CIP）数据

婚姻心理学：婚姻是最好的修行／（美）霍妮著；徐淑贞编译． — 北京：中国华侨出版社，2013.6

ISBN 978-7-5113-3731-3

I. ①婚… II. ①霍…②徐… III. ①婚姻-社会心理学 IV. ①C913.13

中国版本图书馆CIP数据核字（2013）第138199号

●婚姻心理学：婚姻是最好的修行

著　　者／（美）霍妮
编　　译／徐淑贞
责任编辑／文　筝
责任校对／王京燕
经　　销／新华书店
开　　本／787毫米×1092毫米　1/16　印张／14　字数／250千
印　　刷／唐山市铭诚印刷有限公司
版　　次／2013年8月第1版　2021年2月第14次印刷
书　　号／ISBN 978-7-5113-3731-3
定　　价／32.00元

中国华侨出版社　北京市朝阳区西坝河东里77号楼底商5号　邮　编：100028
法律顾问：陈鹰律师事务所
编辑部：（010）64443056　传真：（010）64439708
发行部：（010）64443051
网　　址：www.oveaschin.com
E-mail：oveaschin@sina.com

序言
幸福的婚姻都是类似的

在我职业生涯的几十年里，听到最多的问题就是夫妻之间的矛盾。然而，世界上最亲密的两个人怎么会发生矛盾呢？毕竟，在刚刚结婚的时候，两个人都是怀着永远相爱的心走进婚姻殿堂的。当然，他们也肯定希望如果这种心理能够持续十年、二十年、三十年，那该有多好，这样就不会有那么多的矛盾和问题产生了。

遗憾的是，往往婚后用不了三个月或者三年，甚至刚刚结束蜜月旅行，就会听到许多怨声载道的抱怨。

婚姻生活在痛苦与挣扎中逶迤前行，也有它自己的缘由。实际上，婚姻做起来比听起来困难、现实得多。伴随着生活琐事的繁杂乏味、新鲜感的缺失以及来自方方面面的压力，都会不知不觉地消磨你的爱情，消化你的激情，让婚姻的色彩逐渐暗淡下来。而且，现实不断攀高的离婚率，也早已打破了婚姻的神话。

正如你所发现的那样，幸福婚姻从来就不是一个完美无缺的结合。虽然有些夫妻说他们彼此感到很满意，但是他们在爱好、脾气、家庭观念等诸多方面仍然存在显著差异。与不幸福的夫妻一样，他们也会因为金钱、工作、孩子、家务管理以及性等问题而争论不休。

在过去的几十年里，我为近千对有类似困惑的夫妻做过婚姻辅导。跟你从任何一个婚姻治疗师那里听到的差不多，都是一些关于消解冲突和促进沟通的点子，但是，当我诚实地查看这些资料之后，不得不面对一个残酷的事实：那就是当夫妻之间争辩的时候，让他们更好地处理分歧或许可以降低他们的压力水平，但是，这种做法也常常不能让他们恢复良好的婚姻生活。

只有在我分析了这些夫妻的互动之后，我给他们提供的建议才会变得明确起来。那么，为什么这些婚姻会运转起来？是这些夫妻更沉稳、更聪明，还是他们仅仅比其他人更幸运？他们又有什么可以教给其他夫妻的呢？

首先，我们要搞明白，婚姻不是同事或共同所有者之间的商业管理，婚姻是两个大脑、身体、性别、灵魂、精神、希望、梦想、需要以及不同个性的结合。只有当婚姻中的彼此带着敬畏之心欣赏这种区别的时候，他们各自才能最大限度地享受生命、真心去爱。

其次，我们还要搞明白，结为夫妻后，人们为什么会急匆匆地把自己的伴侣当作敌人，他们原本不是把对方看做疗愈他们生活中所有不如意的万灵丹吗？答案就藏在这个问题里。人们一旦结为夫妻，心中便存在了一个浪漫的，虽然有点幼稚、不成熟、甚至是孤注一掷的想法——他们的结合能填补他们灵魂以及心理上的空洞。然而，等到真正的婚姻生活开始了，随着交往的逐渐深入，无论男人对女人，还是女人对男人，都要反复考虑各种问题。比如："这个人有多少钱？""学历如何？""地位高不高？""外貌怎么样？"于是，随着期待的瓦解，问题和矛盾也就逐渐产生了。我们应该知道，幸福是不会随着婚姻的到来而自行到来的。我们不要只想着自己的期待落空了，还要理解对方同样对自己也会有所期待。这样想，问题就容易解决了。

当然，经营婚姻虽然并不容易，但婚姻也并不是可怕的。维持幸福婚姻的酝酿源于日常生活的点滴之中，一句温柔的情话，一杯淡淡的热茶，一个会心的微笑，一次争执的让步，一个冷战后的拥抱……都会大大提升婚姻的弹性和质量，使爱情之花常开不败。

确实如此，获得幸福婚姻的最有效方法就是两个人都提高自己、修炼自己、完善自己，只有这样相处起来才会轻松，也只有这样，婚姻才不会对双方构成束缚。

翻阅本书，我们有理由相信，不管你与你的伴侣目前的关系如何，遵循这里提出的建议总能引起惹人注目，并且是积极的改变。而且我们也有理由相信，这一曾使婚姻成功的秘密也即将被所有的夫妻享用。

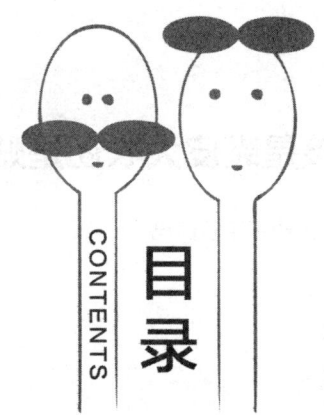

目录 CONTENTS

01 婚姻究竟是什么

白头偕老的秘密	002
关于婚姻，《圣经》怎么说	007
婚姻——上帝赐予的礼物	011
美好的婚姻就是相互滋养	013
婚姻是一种亲密的关系	017
婚姻是一个完善自身的过程	021
婚姻不再是碰运气	026

02 婚姻是爱情的延续还是终结

让婚姻赢在起跑点	032
面包和爱情，婚姻需要什么	035
性格迥异的两个人如何相处	038
让友谊天长地久	041
那些美丽的婚姻谎言	044
你们的时间谁说了算	048

03 男人应该是裘皮大衣还是贴身棉袄

女人不了解男人，男人更不了解自己　　　　　　054
为什么男人不愿意付出　　　　　　　　　　　　058
理解男人的洞穴情结　　　　　　　　　　　　　061
读懂男人的情绪密码　　　　　　　　　　　　　064
征服男人心中的温柔之剑　　　　　　　　　　　067
男人在竭力隐藏什么　　　　　　　　　　　　　070

04 寻找真爱的练习

理解和尊重才是真正的爱　　　　　　　　　　　074
爱是给予，而非索取　　　　　　　　　　　　　078
付出和接受成熟的爱　　　　　　　　　　　　　081
相信对方的心　　　　　　　　　　　　　　　　085
如实看待对方，打破心理错觉　　　　　　　　　088
越狂热的爱越危险　　　　　　　　　　　　　　090
精进我们爱的能力　　　　　　　　　　　　　　093

05 有矛盾，是舌战还是沟通

今天，你"吼叫"了吗　　　　　　　　　　　　096
夫妻为什么会吵架　　　　　　　　　　　　　　100
亲爱的，有话好好说　　　　　　　　　　　　　103

夫妻间为何总用"编码"交流	108
温情时刻与艰难争吵	111
双面胶的"痛苦"	114
婚床上应当只有你们两个人	117

06 婚姻背后的孤单

"称职丈夫"和"完美妻子"的真相	122
当他的工作变成她的生活	126
别让感情老化	131
营造轻松的家庭氛围	134
集中你的婚姻注意力	137
面对激情的召唤	140
共同的梦想是婚姻的保鲜剂	143

07 床单下的性福秘密

让人惊叹的性能量	148
费洛蒙之谜：两性吸引是怎么发生的	151
因爱而性，还是因性而爱	153
亲密绝不只是肌肤之亲	155
性爱吸引力是保持婚姻的支点	158
"后戏"更多才是真的爱你	160

08 亲爱的，我们还要不要一起走下去

为什么我们会伤害我们最爱的人	164
为婚姻筑起一道防火墙	168
良好的沟通是通向幸福的桥梁	171
别让沉默"断送"婚姻	176
到底是你变了，还是他变了	179
改变没有你想象的那么难	182
男人出轨背后的真相	188
你能做出怎样的改变	191

09 结下幸福姻缘的心灵法则

爱自己，和谁结婚都幸福	196
重要的不是他怎么想	200
你所拥有的，正是你所期待的	202
并非事事都能如你所愿	205
越乐观，越幸福	207

后记   210

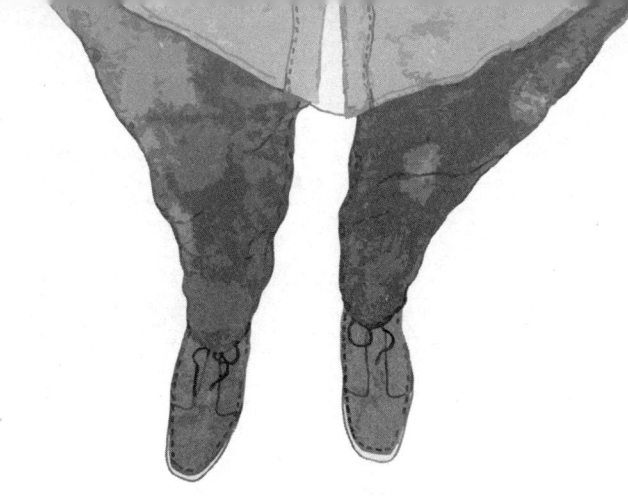

01
婚姻究竟是什么

婚约是应该遵守的承诺,是公开了的海誓山盟,是遇到任何艰难险阻也要履行的誓言,是一个人对另一个人全身心的奉献。

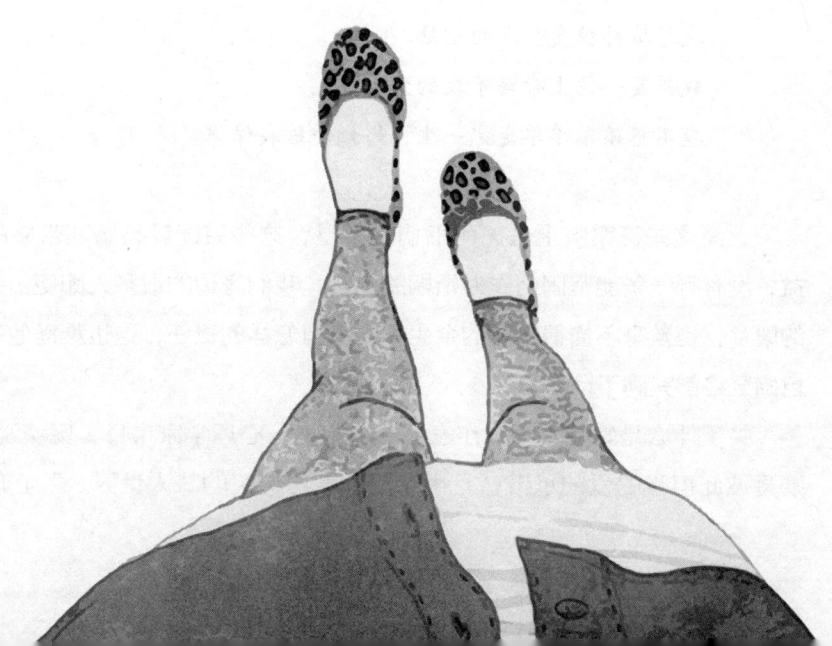

白头偕老的秘密

一生的无条件承诺

为什么你会结婚？你是否还记得那些对未来充满梦想、期待和希望的日子？在这些日子里，婚姻扮演了怎样的角色？对于婚姻，你又有什么企盼？或许下面几句话包含了你的答案：

我希望与相亲相爱的人共度一生。

我希望别人给我的生活带来幸福。

我希望与别人分享我的人生经历。

我想填补独自生活的空缺。

我愿爱一位上帝赐予我的爱人。

我不想孤孤单单走完一生，婚姻会给我保障。

上面这些答案听上去无可指摘，可是，这些只能算是婚姻带来的附加利益，没有哪一条能坚固到作为婚姻的基石。我们身边的很多人即便步入了婚姻的殿堂，也丝毫不懂得自己的余生将要承担怎样的责任，这也难怪他们的婚姻自始至终都充满了动荡与不安。

关于什么是婚姻，不少作家曾给出定义。心理学家韦恩·奥茨说过："婚姻是彼此担当的爱的承诺；是由悔改和宽恕构筑的二人世界。"心理学家大

01 婚姻究竟是什么

卫·奥格斯伯格还指出，婚姻远不止是相爱之人的个人行为，或是合同双方的公开举动。

婚姻不只是一张不可缺少、具有法律和社会约束力的契约，还是人们当着教会其他成员的面，在上帝面前立下的誓约。步入婚姻殿堂的人们之所以会遵守它，不是因为他们受到法律的约束，也不是因为他们害怕受到制裁，而是因为他们无条件地缔结了誓约。可以说，这一誓约比任何法律文书都更庄严、更持久、更有约束力。

在一些心理学家、婚姻顾问和牧师眼里，结婚就是双方签订的合同，而且每一份合同都包含着若干带有条件的条款，这里所说的有条件的条款是指合同中的双方——无论公司还是个人——被明确要履行的义务。也就是说，如果合同中的甲方没能履行义务，那么乙方就要被免除责任。看到这里，或许有人要质疑了，"结婚典礼上和婚姻关系中怎么能讲条件呢？"没错，有谁见过结婚誓词中有这么说的："如果丈夫疼爱妻子，那么妻子就履行合同""如果妻子顺服丈夫，那么丈夫就履行合同。"

可是，婚姻之中是没有免责条款的。那么，既然婚姻不是一纸合同，又是什么呢？婚姻是双方做出的无条件承诺，婚姻是一个男人和一个女人做出的一生的无条件承诺。

信守彼此的承诺

既然婚约是一种责任，那它意味着什么呢？婚约是公开的海誓山盟，是遇见任何艰难险阻也要履行的誓言。没错，结婚是要冒些风险的，但是婚姻却能让我们的人生变得更加圆满，说到底，这也是一个值得冒的风险。

素未相识的两个人一旦步入婚姻的殿堂，无论哪一方都要有所准备，你的另一半可能会时不时地做出一些令你大失所望的举动，而你要学会包容，不要以此为借口轻易放弃你们的关系。这种感觉好比"蹦极跳"，如果你玩过就会知道，只要我们的身体从跳台迈出那一步，势必坠落无疑。就在那一瞬间，根本容不得我们犹豫片刻或是改变主意，后悔都来不及。

一位女士曾这样跟她的朋友分享她婚姻持久的秘诀："我们俩有个承诺，对婚姻也有个共同的承诺，就算我们彼此之间的承诺快要土崩瓦解了，对婚姻

的那份承诺仍然会把我们维系在一起。"

也许，在另外一些人眼里，对另一个人至死不渝的感情就像是天方夜谭，如果事态发展恰逢合适又方便的时候，他们会信守彼此的承诺，然而一旦出现问题，婚约也就成了废纸一张。

事实上，履行婚约远远不是维持现状、死守不中意的伴侣痛苦过一辈子那么简单，履行婚约意味着不断地进行情感的投入和经营，加深双方的感情。

如果另一半的行为不利于这种关系的维护与发展，当然也不能一味地姑息纵容，而是要积极地改善彼此之间的关系。无论所处的环境发生怎样的变化，都要一如既往地信守承诺。听听下面这位妻子的描述，或许你就略有所悟了。

多年前我被检查出感染了EB病毒，原本充满兴奋与活力的生活从此改变了，整个人被慢性疲劳综合症困扰着。

在我治疗的那些日子，我的丈夫凯文一直默默地支持并保护着我。每当我的情绪陷入低谷的时候，他都会耐心地陪着我，帮我渡过难关。每当我力不从心的时候，他都会肩负起照顾全家人的责任。即便我给他增加了什么负担，他也会坚持让我得到应有的休息。而且只要我们发现有任何救治的希望，他都会不惜重金让我尝试。

可以说与我的丈夫凯文年相识，是我今生最大的幸运。

如此看来，履行婚约不仅仅是维持现状，也不仅仅是守着不中意的伴侣痛苦地走完这一生。履行婚约意味着不断地进行情感的投入和经营，加深双方的感情。

当生活发生改变时

正如我们曾经看到或是现在正在经历的那样，婚姻生活不可能是一帆风顺的，有些能够预见得到，有些则是突如其来，这些变化在为婚姻关系带来风险的同时也为其提供了发展的潜力。很多人的婚姻生活之所以走上死路，是因为他们中的很多人忽视了这样一个不可避免的事实：关系和人是会改变的。请认真看看下面这位妻子是如何对待风险和发展潜力的吧。

01 婚姻究竟是什么
MARRIAGE PSYCHOLOGY

人生有多少个50年，又有多少体验和感悟？我和我的爱人结婚已经50年了，在这50年里，我们经历了很多变化：三场战争，11届总统，五次经济危机，从A型轿车到月球登陆，从乡间小道到信息高速公路。

在我们身边发生的这些变化，可以说是翻天覆地的，但是我们自身的变化也更加令人不可思议。有时候，我都觉得诧异。是上帝让我们相互影响，也是上帝使我们都改变了许多。

虽说当时的我们未曾深刻地意识到上帝是如何在我们的生活中起作用的，可是，每当我们回首过去时，总会不由得感慨，婚姻其实就是一所学校，在那里我们的性格得到发展，在那里，我们把另一方塑造得更完美。

那么，上帝到底怎样利用婚姻来改变我们，而我们又从中学到了什么呢？这简直是太多太多了。在这50年的婚姻生活中，我们渐渐明白了这样一个道理：差异使我们成长，危机磨炼了我们，相互服侍又使我们水乳交融。

上帝借助我们之间的差异帮助我们成长，又利用数不清的难关锻炼、培养我们。上帝考验我们的第一大难关就是新婚燕尔即要承受的离别之苦。

我们的爱情故事是在硝烟弥漫的特殊年代谱写的：教堂让我们相遇，约会两个月，订婚三周后就结婚，可是，新婚刚过两个月，我的丈夫就被派去参加二战。此后的两年，我们没有见过一面。等他回来以后，我们俩几乎都不认识对方了，可是，我们竟然是夫妻！

再请认真地听听下面这位妻子的描述，这里有对于一生的爱与责任的表达。

你相信吗？现实生活中的死亡场景远非电影里演的那样。在特别护理病房里，我和我的丈夫上演了令人心碎的一幕。那时，我的丈夫正一动不动地躺在床上，两只脚可怜兮兮地露在被子外面。要知道，

他的个子实在是太高了,一般的床根本容不下他。

单薄的我孤零零地站在那里,两只手紧紧地攥着他的脚趾头,好像这么做就能救他一命一样。自始自终,我都没有松过一下手,而是紧紧地抓住,丝毫不敢放开。如此这般,我才能宽慰些,心想:"即使我无法让他起死回生,也能和他一起走。"

那时,整个世界就像被夜吞掉了一样,到处都是寒风凛冽,漆黑一片,我哪儿也不想去。我知道医生不忍心对我说出实情,但是从他的眼睛里,我仿佛读出了什么:"我们无能为力了,我们也没有别的办法了。"

一位有着银玲般轻柔嗓音的护士把一条深红色毯子披在我的肩上,旁边传来一个低沉的声音:"也就剩几分钟了。"

我知道,在这有限的几分钟里,我们要把以前所有忘记说的话向对方倾诉,重温那些共同度过的时光。

当生活改变时,不变的是什么?也许,你会给出很多答案,但是唯独有一点,你不会忘记,那就是在你们彼此的心里,早已深深印刻了一点:我们爱得够深,我们爱得够真。

关于婚姻,《圣经》怎么说

《圣经》中的婚姻观

关于婚姻,上帝是怎么说的呢?翻开《圣经——创世纪》的第2章18~25节,我们会听到这样的教诲,婚姻是上帝的旨意,有其神圣的目的。

> 耶和华神说:"那人独居不好,我要为他造一个配偶帮助他。"耶和华神把用土所造成的各样走兽和空中飞鸟都带到那人面前,看他叫什么。那人怎样叫各样的活物,那就是它的名字。那人便给一切牲畜和空中飞鸟,野地走兽都起了名。只是那人没有遇见配偶帮助他。耶和华神使他沉睡,他就睡了。于是取下他的一条肋骨,又把肉合起来。耶和华神就用那人身上所取的肋骨,造成一个女人,领她到那人跟前。
>
> 那人说:"这是我骨中的骨。肉中的肉,可以称她为女人,因为她是从男人身上取出来的。"因此,我们每个人都要离开父母与妻子连合,二人成为一体。当时夫妻二人赤身露体,并不觉得羞耻。

1. 让人们相伴而居。

上帝之所以创造婚姻,是为了让人们相伴而居。正如英国诗人约翰·弥尔顿所说:"孤独是上帝眼中第一件不好的事情。"孤独、与世隔绝和上帝的

创造目的相违背。上帝让男人与他人共同生活,排在第一位的就是男人的配偶——女人。

当上帝说独居对人不好时,这里的"不好"表现在各个方面:如对身体不好,因为身边没有他人做伴;如对感情不好,因为没人与我们分担,等等。

2. 让我们的人生变得更加完整。

上帝之所以创造婚姻,是为了让我们的人生更加完整。女人帮助男人,可以使男人和自己的人生更加完整,因为女人可以填补男人生命中的空白,女人可以与男人分享生活,而且通过两个人的互动,女人把男人从一个人的狭小空间带到更广阔的天地中。所以说,结了婚,有了伴侣,可以让我们的人生变得更加完整、圆满,从而真正实现上帝的意图。

3. 以坦诚、谅解的态度交流。

上帝希望通过婚姻这种形式让人与人之间形成同伴关系,实现其人生的完整,不过,这需要建立在彼此交流的基础上,也就是说两个人要每天分享生活的意义。正如德怀特·斯莫所说:"婚姻的核心是交流……但是没有哪对夫妇刚刚结婚交流起来就十分顺畅。健康的交流机制不是结婚之前就已经存在的,而要通过共同生活建立起来并不断完善。"

事实上,生活这个大课堂的确让我们深深明白,这段话背后的永恒真理:只有丈夫和妻子学会以坦诚、谅解的态度交流,才能发展出完善的伙伴关系,而且个人的生活也会更加圆满。

你是不是也觉得很微妙呢?当你与你的另一半交换了结婚誓言,"分离"和"结合"就成了生活的一部分。这里的"分离"是说在建立另一种关系之前,先从一种关系中跳出来。当然,这里的分离并不是让你和你的父母从此断绝关系,而是说你要摆脱对他们的依赖,承担起对配偶的责任。而"结合"则意味着紧密地联系在一起。当一个男人和一个女人结为夫妻,他们就成为一体。可以说,"结合"这个词形象地概括了上帝对婚姻关系的期待,那就是各个方面的亲密无间、合一、完整、永久——以两性结合为象征。

如果这一席话让你觉得颇为费解的话,那么,下面这个精彩的比喻则形象地描述了差异是如何在结合过程中消除和保持的:左手拿一块深绿色的橡皮

01 婚姻究竟是什么
MARRIAGE PSYCHOLOGY

泥，右手拿一块浅绿色的橡皮泥，很显然，这两种颜色的差别是清晰可辨的。接下来，请你把这两块橡皮泥揉搓到一起，乍看是不是觉得只是绿绿的一团，不过，当你凑到跟前，仔细分辨时，却会发现深绿色、浅绿色这两种绿条是如此的清晰可辨、层次分明。

我们的婚姻关系就好比这幅图景，当两个人结合在一起时，从表面上看是一个整体，可是每个人都保留了自己鲜明的个性特点，只不过，"结合"后的每个人都多了另一重性格，而这重性格恰恰是婚姻所赋予的。

谈谈你的打算

看到这里，想必你对《圣经》里的婚姻观已经有了一定的了解，现在请回想一下你结婚之前的时光。

1. 你想象中的婚姻生活是什么样的，现实与你的理想一致吗？
2. 在婚姻这件事上，你与你的另一半是否有着不一样的期待？你是如何发现其中差异的？你和你的配偶坦诚地讨论过这些差异吗？
3. 你希望婚姻能这样改变你的生活方式……
4. 你认为配偶希望你能……
5. 你希望配偶能更……

现在，关于婚姻究竟是什么？你是否有了自己的想法呢？下面就让我们考察一下构成婚姻的几个因素。

婚姻好比一件礼物。

婚姻好比一个机会，双方可以学会如何去爱。

婚姻好比一次旅程，当我们行走在路上，需要面对许多选择，也需要学会为自己的选择负责。

婚姻是相互服侍。

婚姻是友情。

婚姻就是同甘苦、共患难。

婚姻是我们每个人完善自身的过程。

婚姻不是一个结局，而是一种生活方式。

婚姻的亲密感无所不在，精神、心智、社交、情感和身体各个方面都会得到体现。

在本章，我们即将和大家讨论的正是其中的四种组成部分——婚姻作为礼物、相互服侍、亲密关系和重塑自我的过程。当你读到每一种组成部分时，请认真反思一下自己的婚姻关系。我们相信，你对婚姻的信念和期待对你与配偶之间的交流势必会产生直接的积极影响。

婚姻——上帝赐予的礼物

有这样一个比喻：也许你是配偶收到的最妙的礼物，也许配偶是你收到的最妙的礼物。乍听，是不是觉得很微妙，细听，是不是觉得浑身都被一股暖流包围着。

送礼是为了带给别人快乐与满足，礼物表达了赠送者的浓浓情谊。想想你在挑选礼物时花费的心思吧，你会翻来覆去地揣摩对方的喜好，你会费尽心思地琢磨什么东西能给对方带来快乐与幸福。总之，你一心希望这件礼物既特别又有意义，希望自己送去的礼物能体现你与这个人的友情，以及他或她在你心中的地位。所以，你会一家商店接着一家商店地苦苦搜寻，直到你眼前一亮，然后，你又不辞辛苦地把它包好，找一个最适宜的机会送给对方，希望带给对方一个大大的惊喜。

可以这么说，选择并赠送特别的礼物是一件既令人兴奋又有挑战性的任务，你送出的也不仅仅是一件物品，还包括你的时间和精力。实际上，那些最受欢迎的礼物往往不是最昂贵的，而是那些最能反映赠送者良苦用心的礼物。

看到这里，你会怎么做呢，使配偶觉得自己得到了一件特别的礼物，从此以后，精神焕发，对生活充满信心。

当然，我们也可以换个角度想一想，如果你是礼物的接受者，当你得到一件称心如意的特别礼物时，你会有什么反应呢？你还记得自己小时候收到的最令人兴奋或是最特别的礼物是什么吗？你有什么感想呢？你又是怎么对待它的呢？

如果你的配偶是你得到的一件特别的礼物，你会如何对待这件特殊的礼物呢？你会不会把对方摆在你生命中最显著的位置？你能不能给予对方最体贴的照顾、最深切的关怀、最精心的保护呢？

说了这么一通，想必聪明的读者早已明白，我们送礼是表达爱心和善意的一种行为，并不在乎对方是否有资格接受。

美好的婚姻就是相互滋养

婚姻就是相互服侍

在婚姻这座城堡里，我们都希望被别人服侍而不愿侍候别人。事实上，结了婚就应该相互服侍。下面就让我们一起看看《圣经》给了怎样的指导。

> 所以在基督里若有什么劝勉，爱心有什么安慰，圣灵有什么交通，心中有什么慈悲怜悯，你们就要意念相同，爱心相同，有一样的心思，有一样的意念，使我的喜乐可以满足。凡事不可结党，不可贪图虚浮的荣耀。只要存心谦卑，各人看别人比自己强。各人不要单顾自己的事，也要顾别人的事。
>
> 你们当以基督耶稣的心为心。他本有神的形像，不以自己与神同等为强夺的，反倒虚己，取了奴仆的形像，成为人的样式！既有人的样子，就自己卑微，存心顺服，以至于死，且死在十字架上。
>
> （《腓立比书》第2章1~8节）

耶稣心存顺服，自愿成为奴仆，在他的心里，时刻记挂着"我们"的利益，却从不为自己着想。有一点是非常重要的，那就是我们绝对不能强求伴侣服侍我们，也不能强求伴侣遵照经文的教诲来行事。

不过，如果哪一天，我们觉得非强求不可的话，即使稍稍提及，也无

法做到甘心服侍，反而变得自私自利。假如一个男人非要强迫他的妻子视他为"一家之主"，那么老实说，这个男人已经失去了他应得的地位。正如《以弗所书》①在第5章22~25节中提到的那样，丈夫作为妻子的头，必须爱他的妻子，一如基督爱教会，为教会舍己一样，这就是爱的奉献，这就是相互服侍。

到底谁该顺服谁

翻开《以弗所书》第5章21节，有这样一个希腊词——hupotasso，该词被译成"顺服"（在《新约》的有些地方也被译成"服从"），其主动形式是一种军事用语，表示依据某人的官职或地位而定的服从，好比士兵、中士必须服从上尉、中尉一样。在《圣经》里，这个词则强调了耶稣基督的权威，正如《罗马书》第8章20节所指，受造之物服从基督。

然而，这个词还有另一种形式，那就是中间形式或被动形式，"服从"不再是强迫你执行的命令，而是你自觉自愿的行为。在《圣经》众多谈到婚姻的章节中，如《以弗所书》第5章，hupotasso是作为中间形式或被动形式使用的。换句话说，婚姻中所要求的顺服不是外部强加的，而是发自内心的，而且这种坚决的行为是相互的，即双方都要彼此顺服。

近年来，关于这种夫妻关系的描述，人们一直争论不休。随着平等对待妇女的女权运动呼声一浪高过一浪，圣经学者们也在忙着挖掘诸如《以弗所书》第5章这些章节的真实含义。一些人从军事用语的角度，误解了"服从"的意义，宣称丈夫有绝对权威。另一些人则认为丈夫与妻子是平等的，真正的基督徒婚姻只能建立在平等的伙伴关系上。

也许大卫·斯莫在《婚姻是平等的伙伴关系》中对丈夫和妻子神圣角色的描述才是最恰当。

---

① 《以弗所书》，是《新约圣经》的第10本书，由使徒保罗在约公元60年至61年在罗马帝国的首都罗马的监狱中写给以弗所（基督教早期最重要的城市之一，公元前10世纪由雅典殖民者建立）的基督徒的一封书信，该书信由阿尼西母陪同推基古一起送给以弗所人。

01 婚姻究竟是什么

当今社会,夫妻平等问题受到普遍关注是件好事。但是,我们还须记住一点:平等只是众多原则之一,并不是压倒一切的绝对真理。当然,更不是上帝对我们的唯一要求,它只是神圣平衡的一部分,凡人看起来自相矛盾的说法很可能来自上帝神圣、隽永的教诲。这么一来,我们就比较容易理解《以弗所书》第5章21~33节的内容了,丈夫与妻子除了权威与责任不同之外,其他各个方面都是平等的。

丈夫拥有的权威与责任是他在上帝面前肩负的特殊重担,作为妻子,不应该羡慕丈夫,而是给予全心全意的支持。在这种看似矛盾的关系中,夫妻双方应该相亲相爱,相互服侍,这样才能缓和妻子的所有疑虑和恐惧,而且一旦我们置身于这种特殊的情形,婚姻也会正常运转,我们也会领略到它的美丽、和谐与公正。

作为丈夫,不能变成暴君、独裁者,也不能独断专行。高高在上,让妻子受到压迫。作为妻子的带头人,并不意味着一定要有好品行、高智力或是很强的能力,也不意味着丈夫就一定要主动,妻子一定得被动,丈夫就要发号施令,妻子就得默默服从。丈夫也不是部落首领,拥有至高的权力,丈夫也不能一个人做决定,解决问题。事实上,作为带头人,他要肩负的重任是引领家人向着自由团结的目标前进,创造平等的伙伴关系。

在与共同生活有关的任何事情上,真正的丈夫会把妻子视为完全平等的伙伴,他会想方设法地维护自己的主导地位,从而确保这种平等关系不会受到丝毫的破坏。无论是财务、子女教养,还是社会生活等其他问题,妻子都有同样的发言权。如果你是爱妻子的带头人,就一定会肯定、接纳你的妻子,鼓励她并引领她与你一同分享生活的喜悦。

当然,在实现真正意义夫妻平等的过程中,丈夫始终要明白一点,为了维护婚姻的健康发展,他在上帝面前始终肩负着重大的责任。

如此看来,侍者的职责就是确保对方的需求得到满足。夫妻关系中,服侍

对方是一种爱的表现,也是你能给予对方的一份礼物。很显然,这是不能强求的,而是相互间表达爱意的一种积极行动。一个内心谦卑、乐于服侍的人也被称作造就者。作为造就者,就应该使自己的另一半活得更轻松,而不是管这管那,这样你的伴侣才会成长为上帝期望的样子。

婚姻是一种亲密的关系

婚姻关系中的亲密感

随着婚礼的结束,婚姻关系宣布开始,亲密感也随即建立。婚姻关系中,亲密感是两个人共同的分享,不是把"你""我"挂在嘴边,而是把"我们"挂在嘴边。相反,如果婚姻关系中,一方仍旧我行我素的话,那么,只能视作已婚的单身汉。

在共同分享的亲密关系中,夫妻之间一定要做到真诚,彼此都能向对方暴露自己的脆弱之处。可以说,亲密感的产生好比小提琴演奏,任何美妙的乐声并非来自一根琴弦,而是不同琴弦与不同指法的相互配合。

提起亲密行为,想必很多人第一想到的就是两性肉体上的结合。然而,实际上,身体上的亲密是以感情上的亲密为基础的。身体上的亲密不仅包括肉体的结合,更包括感情的结合。说到感情的亲密,也许很多夫妻会觉得简直难以企及,因为伴侣中的一方或双方不肯主动向自己的另一半敞开心扉的例子总是比比皆是,因此亲密关系也就很难发展。

关于这一点,贾德森·思维哈特就曾写道,如果婚姻缺乏感情上的亲密是非常不幸的:

有些人为了避免感情上受到挫折,为了避免受到外界的伤害,会像住在中世纪的城堡里一样,躲在高高的城墙后面,拒绝和别人联络

感情，也不欢迎来访者。可是，认真审视城堡的主人就会发现，其实他们的内心是很孤独的，一个人守着空荡荡的城堡，把自己禁锢起来，这种日子跟囚犯又有什么两样。他们需要被人爱，但是城墙太高，出不去，也进不来。

不过，关于男人和女人的感情，即使彼此之间不存在障碍，也会有层次和程度上的差别。女人往往更注重感情上的亲密，而男人对肉体的亲密更感兴趣。如果夫妻双方能够学会调和感情层次上的差别，理解并体验对方的感受，那么，他们离真正的亲密无间也就不远了。

既然说到亲密，那么，又有多少人真正理解它的含义呢？在英语中，"intimacy"即亲密的意思，该词源于拉丁文intimus，有"内心深处"的意思。亲密表示一种非常牢固的人际关系，是一种特殊的感情上的亲近，包括理解别人和被别人理解，这里所说的"别人"更是非同寻常。亲密也被定义为"一种感情的纽带，意味着互相关心、互相负责、互相信任，坦诚地交流感情，遇有巨大的情感波折也会毫无保留地向对方倾诉"，意味着敢于冒险与他人接近，允许别人闯入你的天地。

为了建立这种亲密感，彼此之间要敢于暴露自己的脆弱，当然，也要得到安全感，不过，相比敞开心扉容易使人担惊受怕，脆弱的时候得到伴侣的接纳更会给我们带来一种美妙的安全感，同时也得到了完全的接纳。

也许，不少人一直以为只要结了婚，自然而然就会变得亲密无间，可是，为何成双成对的新人还是会变成"陌生人"。那些虽然结婚多年，但是仍然觉得孤单、觉得隔膜的夫妻往往会这么说："我们在同一所房子里住着，在同一张饭桌上吃饭，在同一张床上睡觉，可是，我们之间却形同陌路。""我和我的另一半已经生活了二十多年，可是，我对对方的了解还和我们刚结婚的时候差不多。""真正叫人伤心的是，即使我们共度周末，我还是觉得孤独。我想我的配偶在某种程度上更喜欢一个人生活。"

但愿你和你的另一半不属于这种"亲密的陌生人"，那简直就是一种不幸。最后，想提醒大家，亲密感不是自发产生的，而是要靠交流来创造和维

01 婚姻究竟是什么

持，夫妻双方只有通过深层次的交流，才能增进彼此之间的了解。

评估你们的亲密度

你了解你和你的配偶之间的亲密程度吗？在下列几组描述中，请圈出合适你的选项。这项测试需要分别完成，测试后，再向对方解释自己的答案。

1. 我们在言语上的亲密程度有何表现：
   A. 彼此之间说得很多，却很少流露真情实感。
   B. 彼此之间说得不多，却会流露真情实感。
   C. 彼此之间说得很多，也常常流露真情实感。
   D. 彼此之间说得不多，也很少流露真情实感。

2. 当与你共同分享我的想法、感情、需要或不需要时，我会有怎样的表现：
   A. 完全掩饰内心的感情。
   B. 在合适的范围内表露自己的感情。
   C. 喜怒哀乐全挂在脸上。

3. 当与我共同分享你的想法、感情、需要或不需要时，你会有怎样的表现：
   A. 完全掩饰内心的感情。
   B. 在合适的范围内表露你的感情。
   C. 把喜怒哀乐全挂在脸上。

4. 当我们的亲密变得尴尬时，我会怎样避免：
   A. 开个玩笑，一笑了之。
   B. 耸耸肩膀，摆出一副无所谓的样子。
   C. 一脸茫然，弄不懂发生了什么。
   D. 假装生气。
   E. 大发脾气。
   F. 喋喋不休。
   G. 以表面的理性做掩护，深入分析。

H. 转移话题，避重就轻。

I. 态度强硬，镇定自若。

5. 当我们的亲密变得尴尬时，我发现你会这样避免：利用上题的选项做答。

6. 避免这种亲密的结果是……

7. 我会避免这种亲密是因为……

8. 为了加强我们之间的亲密关系，现在我愿意……

好了，测试完毕，现在你有没有什么发现？我敢说，你会发现，花几分钟梳理一下你们的亲密关系简直没有一点坏处。

婚姻是一个完善自身的过程

重视婚姻的力量

每当遇到麻烦的时候,我们是不是经常会这样说:"天哪!这可不是我希望发生的,我可没有预料到。"但是,无论你愿不愿意,麻烦还是来了。在这种危急关头,我们又该怎么回应呢?

在进行婚前咨询时,工作人员会让男男女女把他们的婚姻建立在这句话上:"我的弟兄们,你们落在百般试炼中,都要以为大喜乐,因为知道你们的信心经过试验就生忍耐。"(见《雅各书》第1章第2、第3节)虽说这种话说起来容易,但是做起来却是另外一回事。

"以为"这个词到底是什么意思?其实,它暗藏了一种内在的态度,这种态度能使磨难或困境对我们产生正面或负面的影响。所以,《雅各书》第1章第2节也可以这么理解:下定决心,笑对困境,迎接挑战。

不过,任何人都有权决定采取什么样的态度。在磨难或是困境面前,你可以说:"太可怕了,这是我最不想看到的,为什么我就这么倒霉?"当然,你也可以持另外一种态度:"这不是我希望或预料的,但是已经发生了,我该怎样对付这种不利形势呢?"这种时候,你可能会遭受痛苦或伤害,不过,也用不着否认,不妨问问自己:"从逆境中我能学到什么?"

实际上,"以为"这个词用在这里表示了一种明确的行动,而不是屈从的态度——觉得这是听天由命,觉得生活就是这样,在这种明确行动的影响下,

你知道你必须花些力气克服自己的偏见,你知道你不应该总是把磨难视为负面的力量,所以,你应该时常这样告诫自己:"我想我会有更好的方法面对它,我想我能从不同的角度看待它。"虽然你会为此付出更多的努力,但是在困境面前,你会有一个更加积极的心态。

看到这里,或许很多人会有这样的质问:"说了这么多,你并没有提到婚姻呀!危急关头、困境、麻烦事,这跟婚姻有什么关系呢?"别忘了,婚姻生活几乎占据了我们生命中三分之二的时光,而你所遇到的很多危急关头、困境、麻烦事,不都是发生在我们的婚姻生活中吗?所以说,当我们面对这些问题时,重视婚姻的力量和伴侣的分担才是最有效、最积极的生命补充。下面这对夫妻的经历便能说明这一切。

我和我的妻子爱玛经历过一场所谓的灾难,在那段艰难的日子里,我们不得不学会依靠上帝来渡过难关。我们有一个儿子,叫德瑞,还有一个女儿,叫安妮。大学毕业后,我们就结了婚,然后我上了神学院,研究生课程结束后,成了当地一家教会的神职人员。几年后,德瑞出生了。令我和我的妻子不可思议的是,德瑞的认知水平一直停留在两岁儿童的水平上,被诊断为极度智障,22岁时就死了。

当我开始反思自己的人生时,我发现以前的我在很多方面都缺乏耐心、自私自利,但是,儿子德瑞的出生却给了我培养耐心的好机会。当我们经过漫长的等待,终于看到儿子能伸手抓住东西了,当我们花了三四年时间,终于教会儿子走路了,就在这一刻,我深深明白了,是儿子的出生让我的耐心得到了大大的锻炼。于是,我不断地对自己说:"我必须学会敏感地对待一个无法通过语言表达自己的需要、痛苦和愿望的人,我要猜测他的意图,我要尽力破解他的无声语言。"

不用说,这一过程使我和我的妻子都有所变化,在经历过痛苦、失落和悔恨之后,我们变得更加成熟了。当然,对于每一次小小的进步，还是会让我们欣喜不已。更为微妙的是，我们学会感谢上帝了，觉得德瑞这个名字的意义，就是"来自上帝的礼物"，而不再像大多数人那样，认为这些都是理所当然的。

现在回头想想，在儿子的问题上，也许我们很容易选择另一条路，变得怨天尤人，彼此疏远，阻碍个人的成长。但是，是上帝让我们选择了接受彼此，就这样，我们一起成长、成熟，但是，有一点却是毋庸置疑的，这个过程不是一蹴而就的，而是经过了几年的时间。在这其中，既有需要克服的艰难险阻，也有值得回味的幸福时光。我们真该好好感谢上帝，是它借助德瑞让我们逐渐完善自我。

那么，上帝又是怎样影响我们的生活呢？对此，我和我的妻子都有很大的发现，我们意识到，早在德瑞出生之前，他就让我们不知不觉地做好了准备。当时在神学院学习的我需要写一篇论文，不知如何写好，我就向一位教授征求意见。这位教授给我分配了这样一个题目：智障儿童的基督教教育。坦白地说，对于这个主题，我是一无所知的，只好读书，上课，到医院和家庭中观察训练过程，最后终于完成了论文。后来，心理学方面的研究生课程要求我做几百小时的实习，而我的实习任务正是测试智障儿童并把他们分配到相应的班级。在教会担任牧师的几年里，教会董事会还让我开发一个专为智障儿童设置的项目。现在看来，上帝知道为什么要我做这一切。

还记得德瑞出生前的一个晚上，妻子和我聊天时，不由得说："真有意思，我们怎么会一直在跟智障儿童打交道呢？不过，我们真是学了不少东西啊。难道上帝在让我们为今后的生活做准备吗？"此后没多久，德瑞就出生了。半年后，他又癫痫发作。在此之前，我们就有些怀疑他的智力发展速度有些异样，这下就更担心了。当我们了解了事情的真相以后，才开始明白上帝是如何让我们做准备的。

很显然，这就是上帝为我们做的。当我们遭遇困境时，我们会发现，他

不是让我们已经做好了对付困难的准备，就是给我们提供了所需的资料，这是《圣经》对我们每个人的承诺。

在每个人的婚姻中，不管是出现了小麻烦，还是降临了大灾难，夫妻二人都要受苦。如果两个人分担的话，痛苦就会减轻；如果一个人扛的话，痛苦就会加剧。

关于婚姻中的苦难，请听听这样一段描述：如果你是一个浪漫的享乐主义者的话，那么，你很可能会认为婚姻就是个欢乐的殿堂，上帝创造婚姻就是为了让我们在自我满足的关系中寻欢作乐。不过，如果你这么想的话，那就上了上帝的当，他其实是在愚弄你呢。

在婚礼上，我们都曾发过这样的誓言，那就是我们愿意与配偶一同受苦。没错，在婚姻的旅途中，你自己或是与你结婚的那个人难免会遭受苦难，或早或晚，或多或少，这一点都没开玩笑。可以说，婚姻就是分享苦难的一段人生，而分享痛苦也是我们的特殊权利，我们藉此相互服侍。

你有什么打算

如果你正与你的另一半一同阅读本书，那么，就请分别完成下面的提问，然后再一起讨论，以便获得最大的收获。

1. 如果用一个词来描述你的婚姻，你会用什么词呢？
2. 你觉得你的另一半会用什么词呢？
3. 请你说说从婚姻关系中，你得到了哪些你单身时得不到的利益？
4. 在你的配偶身上，你发现了哪些闪光点？你有没有告诉过对方你的这一发现，你很欣赏它们吗？
5. 你觉得你的配偶做什么能让你认为他或她是爱你、珍惜你的？
6. 为了表达你对配偶的爱和感激之情，你会怎样做？
7. 你的婚姻关系有多么牢固，谁的贡献最大？
8. 在你的婚姻中，你感觉最脆弱的部分是什么？对于这个脆弱之处，你负有怎样的责任呢？

9. 为了使婚姻更幸福,你正在采取哪些行动?

我们有理由相信,当你们比较各自的思想、感情和态度的时候,你们的交流将提高到新的层次,而且相互之间的理解也会得到进一步地加深。

婚姻不再是碰运气

婚姻成功的秘密

但凡是在牢固的婚姻中，我们总会看到这样一个规律：丈夫与妻子往往有着很强的共识，他们不仅相处融洽，而且还相互支持对方的希望和抱负，与此同时，他们还会将这视为他们共同生活的一个目标。实际上，这就是我们所说的相互尊重和以对方为荣的真正含义。

通常，如果有哪一段婚姻没有做到这一点，往往是因为夫妻双方发现他们陷入了没完没了，甚至是毫无意义的争吵中，或是彼此之间对于婚姻生活带来的孤独、寂寞，深感忧虑。

如果你如婚姻专家一般认真地观看夫妻之间争吵的录影带，想必你一定会得出这样的结论：原来绝大部分争吵与厕所马桶盖是敞开的还是合上的，或是该由谁去倒垃圾这样的问题简直没有一丝一毫的关系，而是更深、更隐蔽的问题导致了这些表面上的冲突，并让这些冲突看起来远比应有的程度要更激烈，也更有害。事实上，只要你明白了这一点，你就可以接受婚姻中最令人吃惊的一个事实，那就是其实夫妻之间的绝大部分争吵是无法解决的。

在我们身边，总是不乏这样一些夫妻，他们年复一年地试图改变对方的想法，但是无论他们如何努力，终究无法实现自己的愿望，这是因为他们大部分的分歧源于生活方式、性格或者是价值观上的根本差异。如果为了这些分歧而争论得面红耳热，结果就是在浪费他们自己的时间，损害他们自己的婚姻。

当然，这并不是说如果夫妻之间的关系矛盾重重了，就什么也不能做，不过，这也表明了典型的冲突化解建议并不适用。与之相反，夫妻双方需要弄懂那些之所以会导致彼此之间出现冲突的根本分歧，然后，在此基础上，通过相互尊重、相互赞赏的方式来容忍这些分歧，只有明白了这些，才能在婚姻中达成共识并确立共同的目标。

我们有理由相信，不管你与你的伴侣目前的关系如何，遵循本书提出的婚姻相处之道总能引起惹人注目，并且是积极的改变。而且我们也有理由相信，这一曾使婚姻成功的秘密也即将被所有的夫妻享用。

婚姻情商——未曾学过的一堂课

不过，想要改善或增进你的婚姻的第一步当然还得要知道不遵循这些原则时会发生什么。事实上，通过对那些不能挽救他们婚姻的夫妻的广泛研究，已经很好地证明了这一点。通常情况下，从失败中学习能够避免我们的婚姻犯同样的错误，即便是已经犯了错误，也知道该如何补救。如果有一天，你懂得了有些婚姻为什么是失败的，并且知道本书提供的这些原则可以阻止这种悲剧的发生，那么，恭喜你，你已经走在不断改善自己婚姻的路上了。

使婚姻幸福的方法简单得出人意料，幸福的已婚夫妇也无须比另一些夫妻更聪明、更富有，或是在心理上更健康，而是要在日常生活中，找到一个动力，这个动力可以使你们对对方的积极想法和情绪不被消极想法和情绪（很显然，这是每对夫妻都有的）压倒，这就是我们常说的婚姻情商，即夫妻之间相互协调，彼此忍让的能力，它在一定程度上决定着婚姻生活的质量。

近年来，对于孩子而言，情商已被公认是他们在将来的生活中能否成功的重要预测标准，无论其智商如何，情商越高，就越能懂得如何与别人相处，而且未来也会越光明。在夫妻关系中，同样如此，一对夫妻的婚姻情商越高，他们就越能互相理解、欣赏、尊重他们自己以及尊重他们的婚姻，从此以后，他们就越有可能过上幸福的生活。正如父母需要训练孩子的情商一样，婚姻情商也是一项夫妻需要学会的技能。

测测你的婚姻情商

想了解你的婚姻情商处于什么水平吗？不妨回答一下下面几个问题。

1. 老公带你参加聚会，老公与朋友聊得热火朝天，而你却不认识什么人，你会：

  A. 用"每个人都会有这种处境"来安慰自己；

  B. 面带微笑走近他们；

  C. 等人来找你搭话；

  D. 找个比较投缘的人，向他（她）自我介绍。

2. 与老公做爱时，当你马上达到高潮，他却突然停止，你会：

  A. 平静地告诉他你希望如何；

  B. 想想是不是因为自己哪里做得不好；

  C. 不想说什么，希望他下次能做好；

  D. 大发脾气，怒言还不如找其他人。

3. 选出你认为最适当的一句话，"对于一个好丈夫来说，他应该……"

  A. 知道我在想什么；

  B. 让我过上富有的生活；

  C. 仔细听我的谈话；

  D. 希望与我共度时光；

  E. 能够接受我的一切；

  F. 把我放在他的朋友、亲戚和同事之上。

4. 选出你认为最适当的一句话来形容你的婚姻。

  A. 和谐、幸福；

  B. 充满争执，但无伤大碍；

  C. 伤痕累累；

  D. 命中注定，顺其自然。

5. 如果你和老公约好见面，可是，你知道他有爱迟到的习惯，你会：

  A. 和他约定的时间比你实际想到的时间早30分钟；

  B. 弄清楚他为什么迟到；

01 婚姻究竟是什么

C. 稍等一会儿,再不来就走;

D. 与他说好最多等多久,并告诉他经常这样会伤感情。

6. 全家人去爬山,到达山顶后你想按原路线走,可是孩子吵着要下山,你会:

A. 觉得出门带着孩子真是麻烦;

B. 先安抚孩子,再走原定路线;

C. 可能是孩子累了或害怕了,先带孩子下山;

D. 二话不说,带孩子下山。

7. 如果有人恨我,我担心他会伤害我的老公:

A. 不是;

B. 是。

8. 当你遇到高兴的事情,你会马上想到要告诉老公吗:

A. 不是;

B. 是。

9. 当你焦躁不安时,是不是经常会对周围人尤其是老公很敏感。

A. 是;

B. 不是。

10. 你和老公产生了分歧,你会:

A. 进一步解释自己的观点,帮助他理解;

B. 发火,不再解释;

C. 不再解释,给他考虑的时间,过段时间再谈。

评分标准:

1. A = 2   B = 1   C = 0   D = 1
2. A = 2   B = 0   C = 0   D = 0
3. A = 2   B = 0   C = 2   D = 2   E = 0   F = 1
4. A = 2   B = 0   C = 0   D = 0
5. A = 1   B = 2   C = 0   D = 0
6. A = 0   B = 0   C = 1   D = 2

7. A = 0　　B = 2

8. A = 0　　B = 2

9. A = 0　　B = 2

10. A = 1　　B = 0　　C = 0

评分结果：

0~5分：你无法把握自己的情感，更搞不懂老公的想法，你们的婚姻很难继续维持下去。你需要借助冥想、运动等方式来调整情绪，此外，也应大胆地表达自己的意见。

6~13分：当你在外面的时候，能够笑对他人，但是一旦回到家，就容易把自己的不快撒在配偶身上。建议你尽量把自己的真实想法传达给另一半，并且多设身处地地替对方着想。

14~17分：你知道怎样做才能使家庭幸福，但对调节他人情绪，却并不是那么游刃有余了。如果你能够做到先人后己，放眼长远，你的EQ值会升值许多。

18~20分：你是天生的乐天派，能够很好地控制自己的情感，所以你的精神相当健康，你的婚姻满意度和幸福感也会很高，而且婚姻稳定度也超乎寻常。

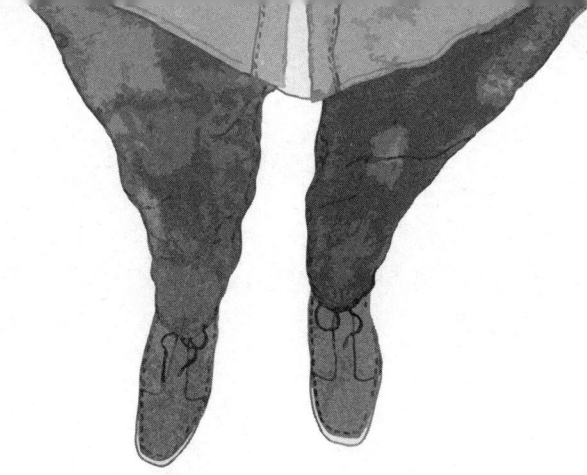

02

婚姻是爱情的延续还是终结

如果说谈恋爱是时时刻刻的浪漫,那么,婚后就该把当年的浪漫慢慢延续。恰如其分地点缀生活,这是理智的思维,也是成熟的表现。

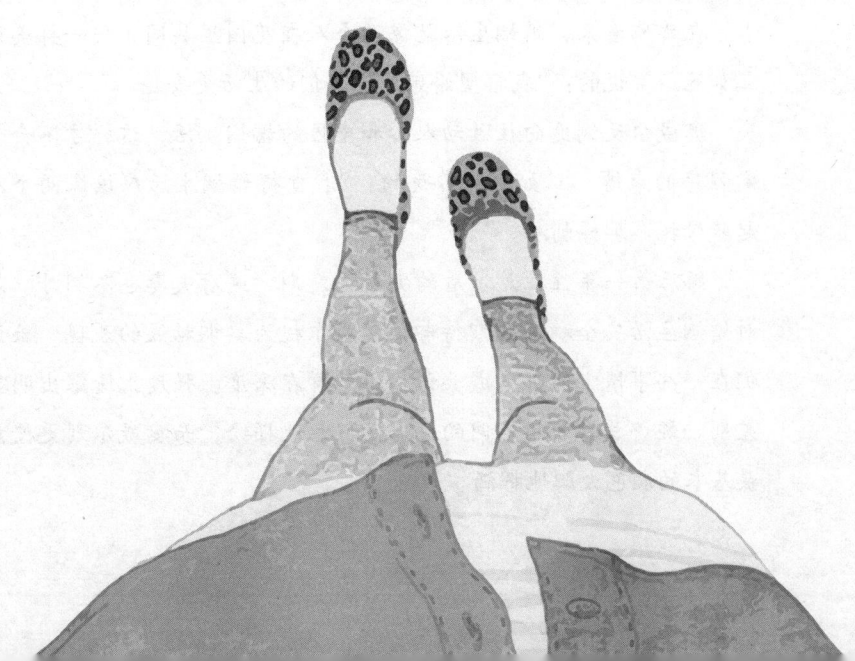

让婚姻赢在起跑点

期望的迟迟不到，担心的不请自到。这句话对于婚姻来说好像再合适不过了。在婚礼上说"我愿意"时，我们都自觉不自觉地带着大量不现实的期望。

奥威尔和妮娜是一对有着五年婚龄的快30岁的夫妻，他们带着各自对婚姻的憧憬，开始了属于自己的婚姻生活。然而，夫妻双方都没有和自己的另一半分享过自己的想法。如同多数新婚夫妇一样，他们理所当然地认为彼此对婚姻的图景和认识是一致的。事实上，在现实生活里，这是不可能的。

在妮娜看来，婚姻生活就像两个人在花园里共同工作一样美好。正如她经常说的："我希望婚姻能使我们的生活更安稳。"

奥威尔反倒更向往激动人心和率性的婚姻生活，这样才不会受固定程序的束缚。正如他经常说的："我觉得婚姻生活应该像两个人一起骑摩托车那样刺激。"

婚后第一年往往是矛盾的尖锐爆发期，这对夫妻也不例外。妮娜对婚姻生活安全稳定的期待却被奥威尔视为单调枯燥的表现。虽说他们在一些事情上能够达成共识，但是却在深度、强度上透露出明显的差别。妮娜总喜欢用不同的色彩做仔细地描绘，而奥威尔则更愿意用最基本的颜色大胆地挥洒。

02 婚姻是爱情的延续还是终结
MARRIAGE PSYCHOLOGY

其实，奥威尔和妮娜早在童年时代就开始向往美好的婚姻生活了。在他们的成长过程中，双方各自父母的婚姻模式就是他们的典范。

随着年龄的增长，他们阅读了很多关于爱情的书籍，又从很多婚姻题材的电视节目或电影里受到影响。之后，当他们到了适婚的年龄，又自然而然地形成了各自对婚姻生活的观念，对夫妻生活是怎样的或者应该是怎样的，夫妻双方都各有一套看法。

在奥威尔和妮娜的婚姻蓝图中，他们俩都有意无意地按照自己的愿望挥动画笔，并且想当然地认为，自己的伴侣会以相似的方式彼此取长补短，默契配合。但是，他们却没有意识到，自己的另一半完全可能会用不同的调色板来编织这幅图画。下面这个发生在生活中的真实故事就是一个典型。

还记得奥威尔和妮娜在结婚后的第一个圣诞节，两个人从洛杉矶乘飞机去芝加哥和家人一起共度节日。第一个晚上，他们是在奥威尔的父母家里度过的。按照奥威尔家的习惯，奥威尔一大早便起床了，用他的话说，就是尽量珍惜和家人在一起的每一分钟。相反，妮娜却在床上呼呼大睡。

看着妮娜呼呼大睡，奥威尔还以为她是为了避免，甚至抗拒与自己的家人在一起。

"你这样做让我很难堪。"奥威尔一脸不悦地说道，"家里每个人都早早起床了，都去厨房用早餐了，难道你不想和我们在一起吗？"

然而，妮娜好像根本没有理解他的意思，只是淡淡地说了句："我怎么了？我只是倒时差。洗完澡后我就下来。"

事后，奥威尔才知道，妮娜喜欢在度假时享受缓慢舒适的节奏，因为那是她们家的习惯。

生活中，夫妻双方往往都在以自己的想法为基础决定取舍，却没有想到彼此的期望是如此不同。我们都因对方的这些隐而未说的规则而烦恼，也因其中的差异而郁闷。

通过上面这个故事，我们可以看到：妮娜无意间打破了丈夫奥威尔家的规矩，而奥威尔也发现了这个从未用语言表述过的规则，最终导致他们俩都感到被误解，陷入沮丧。

不过，正是通过这次经历，他们学会了分享潜在的期望和隐而未说的规则。在这里，我们也想提醒那些向我们寻求帮助的夫妻，留心自己的内在习惯，阻止小问题演变为大问题。下面就是一些从大部分夫妻身上收集到的关于内在习惯的实例，请结合自身情况，思考一下你在哪些方面还需改正。

一定不要打搅对方的工作。
尽量少说自己的成功。
不到绝望不要寻求帮助。
不要用大嗓门讲话。
谨守时间观念。
不开飞车。
只在紧急状况下使用信用卡。
不买昂贵的礼物。
总是把黄油放在桌面上而不是放在冰箱里。
生日庆祝活动一定要盛大。
不要太努力地工作，或不要工作太长时间。

面包和爱情，婚姻需要什么

在爱情里，不能因为感情需求太过盲目，也不能因为物质需求而太过现实。要知道，幸福美满的生活来自于这两者的平衡。钱不能代替爱情，爱情也无法代替金钱。爱情加面包，才是完美的生活。

有这样两个女孩子，一个叫奥萝拉，一个叫卡洛琳，她们是大学同学，也是要好的姐妹。念书的时候，两个人就经常聊自己心中的白马王子。

说起这个话题，奥萝拉总是兴奋不已："我的白马王子要有很多年金，可以给我买大别墅，可以给我买名车，可以随时陪我去巴黎、去纽约购物。虽然我不是一个财奴，但是在这样的时代，在这样的社会里，钱比爱情要实在、可靠得多。我们是女人，有权利，也有资本用爱情和婚姻去改变自己的命运。一个人能活多少年，不好好享受生活，不是白活了一次吗？"

卡洛琳看着奥萝拉憧憬的眼神笑着摇了摇头，说："我心中的白马王子一定要英俊帅气、浪漫温柔，他还要能和我心意相通，看到我的一个眼神就能明白我的意思，无论遇到什么困难都能给我一个安全可靠的肩膀。不过，他千万不能花心，要对我不离不弃。至于金钱，我想真正的爱情是没有这个附加条件的，即使他一无所有，我与他在一

起也会觉得幸福。"卡洛琳刚说完,奥萝拉就大笑起她的天真来。

也许是巧合,也许是这两个女孩子真的一直在追逐着她们的爱情理想,几年后,奥萝拉嫁给了一个有名的富豪。可是,结婚后她才明白,金钱是无法代替爱情的,其实自己生活得并不幸福。卡洛琳嫁给了一个艺术青年,虽说是个搞摇滚乐的贫穷的人,但是两个人爱得如胶似漆,不过,两个人最终还是因为无法维持生活,在婚后的第二年就离了婚。经历了这次打击,也让卡洛琳明白了一个道理:爱情是要有物质基础的。

故事中的两个女孩子都实现了自己的梦想,但是都没有获得真正幸福完美的爱情与婚姻,原因就在于不够成熟或是不正确的金钱观和婚恋观。金钱与爱情的关系本来就是一个由来已久的话题,但是直至今天,依然有很多人无法理智全面地认识。

爱情是人们发自内心的情感需求,是心灵的碰撞和契合。真心相爱的爱情是纯净而透明的,不掺杂任何杂质和附加条件,如此相爱的两个人在心灵上往往有着相通的情感体验,任何物质条件都无法单纯替代这种相通的情感体验和情感需求。在这种情况下,如果有人以金钱为天平去衡量爱情的轻重,很可能会出现两种情况:一是,他不懂得爱;二是,他不是真爱。所以说,金钱是无法代替爱情的。

不仅如此,爱情也无法代替金钱。爱情与金钱完全独立于两个意识层面之上,但是这并不代表两者之间没有交集。当爱情趋向于成熟,就要走入婚姻阶段。而婚姻本身就是一种现实生活,爱情与金钱在现实生活中会产生千丝万缕的联系。我们每个人都生活在一个现实的世界里,最基本的需求就是生存,而生存状态和生活质量在很大程度上要以金钱作为衡量。婚姻是什么?除了爱情之外,婚姻还是生存状态,是生活质量,是柴米油盐。很显然,爱情不是全部,无法满足人们全部的生活要求,也无法代替金钱在生活中起到的作用。

就如故事中的两个女孩,很明显,她们不懂得如何正确衡量爱情与金钱在生活中的关系。通常来说,女性对爱情和婚姻的期望往往比较理想化,然而,

02 婚姻是爱情的延续还是终结

这种高期望值会带来两种截然不同的极端认识：一是信奉爱情至上，坚持只要爱情不要面包；二是信奉金钱万能，坚持认为有钱就会幸福，就能获得爱情带来的愉悦感。

很显然，这两种认识都不够全面，也不够科学。女人，如果你爱他，那么就请平衡好你们的感情与现实生活的天平；如果他爱你，那么，就请相信他，相信他会努力为你们的爱情与生活找到合适的切入点。

虽说金钱买不来真正的爱情和幸福，但是幸福的人生也时时刻刻离不开金钱。所以，爱情加面包的生活，才是完美幸福的生活。

性格迥异的两个人如何相处

结下什么因缘,就得到什么报应

恋爱的时候,屈指可数的几个条件中就有"性格"这一项。分手的时候,排名第一的原因也有性格上的差异。当男女之间近距离相处的时候,最容易引发冲突的还是性格。

让我们试想一下,假如丈夫是个急性子,而妻子却是个慢性子,这样的两个人生活在一起会怎样呢?想必急性子的丈夫看到做什么事都不慌不忙的妻子,一定会急躁不安,甚至气不打一处来;而慢性子的妻子还看不惯对什么事都心急火燎、惴惴不安的丈夫。

在不少家庭,我们还会看到这样的场面,夫妻由于性格不合而导致战争频发,争吵不断的场面总是频频出现,到头来孩子们也跟着焦虑不安。妻子事后跟闺密倾诉,说自己不该和丈夫僵持,可是,她又说真是控制不住自己,还说自己也希望丈夫不发火,听她的话,然而,总是事与愿违。可是,即便如此,她也不想听丈夫的安排。

如果你坚持认为,女人照样可以选择尊重自己的性格,这当然没错,这原本就是遵从自己的本心,所以,你也可以像现在这样任性地生活。不过,种瓜得瓜,种豆得豆,走的路不同,得到的结果自然会不一样。

对于性格急躁的丈夫,如果妻子不配合,当他年纪大了很可能会因为毛细血管破裂或其他血管破裂而卧床不起。也就是说,妻子要么细致入微地照顾丈

夫，要么快点儿离婚。如果完全按自己的性格任性地生活，免不了要受到丈夫的报应。另外，当夫妻之间发生矛盾的时候，子女们也会产生心理上的不安，长大以后会让父母很头疼，这比丈夫更令人头疼十倍。

不过，既然已经结下这种因缘了，那么最后就要得到这种报应。所以，我们要做好迎接这两种报应的心理准备。那么，怎样才能避免得到这种报应呢？答案就是学会妥协，向丈夫妥协。

互相妥协是最好的夫妻之道

让我们以丈夫性格急躁为例，详细地说明一下。虽说性子急躁，但是急性子也有急性子的好处。回忆一下，你见过急性子的人骗人吗？恐怕没有吧。的确，性格那么暴躁的人还怎么骗人？谁又会上他的当呢？所以说，急性子的人是绝对不会骗人的。因此，我们可以放心大胆地和急性子的人交朋友，这种人的心事全写在脸上了，一眼就能看到他的心。

相比之下，那些斯文的人却很少有人能猜透他们的心。一般来说，骗子长得好看还是丑陋？当然是好看了。骗子给人的印象是和蔼可亲，还是面目狰狞？当然是和蔼可亲了。如果去他的办公室，你会发现他的办公室装饰得非常豪华，而且开的汽车也很高档。所以说，你见过长相丑陋、性情急躁、开着卡车的骗子吗？肯定没有吧。

或许，又有人要说了，急性子的人往往不好。其实不然。只要身边的人稍微配合，就会发现这样的人其实很不错的。当这种人大声嚷嚷的时候，你只需要在旁边随声附和就可以了，简单的一句"是的，我明白了"，很可能对方就不会再吵吵嚷嚷了。

这么看来，现在的肆意妄为无疑是在自掘坟墓。也许，今天的你还可以任性放肆，可是，等你老了，难免不会遭报应，到那时，吃亏的人还是你自己啊。所以，最好还是经常学会向对方妥协，说一句"好的"，只要放低声音就行了，尤其是丈夫因为别人的事情发火的时候，就更应该妥协了。

当丈夫的情绪有所平静了，再静静地走到他的身边，质问一句："老公，你刚才怎么回事？"不过，有一点要切记，一定要赶在丈夫情绪平静的时候，丈夫气急败坏的时候可不行，那样只会让自己吃亏。也就是说，质问对方也要

赶在丈夫消气以后。

事实上，你根本没有必要质问丈夫，这仅仅是他的性格而已，就像沉重的石头一定会坠落一样。我们连自己的性格都改变不了，怎么可能改变别人的性格呢？还有当对方脾气倔强的时候，你却想改变对方的倔强性格。要知道，这时候的你有多么固执。事实上，要想一起生活，最好的办法就是互相妥协。

那么，作妻子的，为什么不愿意向丈夫妥协呢？她们很可能会想："如果你能赚钱，我也愿意向你妥协。可是，你连钱都赚不到，我不允许你发脾气。"其实，这样想只会让自己疲惫不堪，而且问题也得不到解决。反倒是，你应该这样想："我一定得做出妥协，好的，我明白了。"当你这样想了，是不是事情就好办多了？为了自己和子女，这也是一个很好的方法。

让友谊天长地久

幸福的婚姻基于深厚的友谊

在获得幸福婚姻的法则中,有这样一个简单的真理,那就是幸福婚姻基于深厚的友谊,意思是说,相互尊重并喜欢对方的朋友。基于深厚友谊的夫妻往往对对方有着非常细致的了解,他们熟悉对方的喜好、性格上的怪癖、希望与梦想,他们不仅在大事上,而且在小事上也会天天表达这种喜好。

哈威从事进出口生意,每天都要工作很长时间,要是换个伴侣,他的日程安排可能会对婚姻造成不利影响,但是,他和他的妻子辛西亚却找到了保持联系的方法——白天经常通电话。

当辛西亚与医生有约,哈威会打电话提醒她。当哈威与一个重要的客户会谈,辛西亚会关注进展如何。周末的早晨,如果哈威为孩子们做他们喜欢吃的蓝莓煎饼,他会小心翼翼把辛西亚煎饼里的蓝莓挑出来,因为他知道她不喜欢吃。如果两个人晚上一起吃鸡肉,辛西亚会把鸡腿夹给哈威,因为她知道这是丈夫最喜欢吃的东西。

虽说哈威不信教,但是每个星期天他都会陪着辛西亚一起去教堂,因为这件事对辛西亚来说,的确很重要。尽管辛西亚不是非常热衷于在哈威的亲戚身上花太多时间,但她还是与哈威的父母以及家人建立了良好的关系,因为她知道,对于哈威来说,家庭的意义实在是太重要了。

结果显而易见,与那些时不时地就用浪漫的假期和奢华的纪念礼物来点缀自己的生活,但总是非常容易忽略日常生活中相互关心的夫妻相比,哈威与辛西亚的婚姻实在是充满着更多的热情与温情。

如果这一切令你听起来觉得很乏味,也不浪漫,那么没有事情是不乏味、很浪漫的了。哈威与辛西亚正是通过这些细小但是很重要的事情保持了夫妻之间浓浓的友情,而这份友谊也恰恰是他们相亲相爱的基础。

友谊可以激起浪漫的火焰,因为它为你对伴侣的对抗情绪提供了最好的防护。哈威与辛西亚正是因为维持着如此坚定的友谊,所以在他们的婚姻生活中,即便出现分歧,还是能够很好地处理好。

看看那些刚刚踏入婚姻殿堂的夫妻,绝大多数会把婚姻设定在一个非常高的水平,以致于任何一方都很难想象他们的婚姻会脱轨。但是多数情况下,这种幸福的状况不会持续太久,随着时间的流逝,愤怒、生气以及怨恨都会建立在这个越来越抽象的友谊上,也许夫妻之间嘴上会说得很好听,但是一旦回到日常现实中,他们却并不会这么做。

这样的夫妻一旦遇到什么事情,总是倾向于从负面的角度加以理解,喜欢用不带任何感情色彩的腔调说话。比如,当妻子说"在没有放食物进去之前,你不该启动微波炉"的时候,丈夫很可能会把这番话看作是一种抨击,于是,他会说类似这样的话:"不要告诉我怎么做,我读过说明书。"

如果有一天,你的婚姻走入这种境地,想要让它恢复原来的面貌就不是一件容易的事。所以说,在婚姻生活刚刚开始的时候,你就应该深刻地认识到友谊的作用,而且这一方法也会帮助你保存自己的婚姻或者是使它再生。

幸福夫妻都有一件秘密武器

尽管重新发现或重建友谊的意义非比寻常,但是这也并不能从根本上预防夫妻之间的争吵,倒是恰恰相反,这给了夫妻一个防止争吵失控的秘密武器。让我们再来看看在争执面前,哈威与辛西亚是如何处理的。

哈威与辛西亚计划从城市搬到郊区,尽管他们对要买哪一栋房子

以及如何装修已经达成一致意见,但是他们却在购买新车这个问题上卡住了,为此,他们之间的关系一度搞得很紧张。

辛西亚认为他们应当融入到郊区的生活中去,所以她觉得买一辆房车应该是个不错的主意。但是,哈威却不这么认为,他觉得没有什么比这个决定更让人郁闷的了,他的想法是买一辆吉普车。结果哈威与辛西亚越是讨论这个问题,他们说话的嗓门就越高,如果此时恰好有人在他们卧室门外偷听,想必一定会严重怀疑他们未来的生活会如何度过。

可是,突然间,辛西亚把她的手放在了屁股上,惟妙惟肖地模仿他们四岁儿子的表情,她还伸出了舌头。哈威知道辛西亚会这么做,所以他就先伸出了舌头,然后他们俩不约而同地都笑了,像往常一样,这场愚蠢的争论反倒缓和了他们之间的紧张关系。

透过哈威与辛西亚的行为,研究人员找到了一个专业术语,这对夫妻可能在不知情的情形下使用了感情修复尝试(repairattempt),是指通过一些语言或行动(不管这些行为是愚蠢的还是聪明的)上的举止来防止消极感的升级,从而不让它失去控制。通常,这种感情修复尝试可以说是聪明的夫妻所使用的一种秘密武器,虽然很多夫妻并未真正意识到他们所做的竟然有如此大的威力。

事实上,当一对夫妻建立起了深厚的友谊,他们自然而然就会成为专家,他们不但能向对方传达感情修复尝试信息,还能正确读取对方信息,不过,如果夫妻中的任何一方一旦被消极的情绪淹没时,即使是像"嘿,我很抱歉"或是"亲爱的,对不起"这样直接的感情修复尝试也很难成功。

在某种程度上,我们甚至可以说,夫妻之间的这种感情修复尝试的成功与否是衡量他们婚姻美满或失败的一个首要因素,值得再次强调的是,决定这种感情修复尝试成功与否的因素却是夫妻之间坚定的友谊。如果这么说还不至于令你心服口服的话,那么,看看上面的例子想必你就会知道事实并非如此了。

当然,巩固夫妻之间的友谊并非只是类似"对他好"这种基本的行为,而且即使你觉得你们之间的友谊已经相当牢固了,或许你还是会惊讶地发现原来还有一些地方需要巩固。

那些美丽的婚姻谎言

对于许多踏入婚姻殿堂的两性来说，总觉得只要学会更敏感地与自己的伴侣沟通，就能挽救婚姻，这个观念可能是对幸福婚姻的最普遍的误解，但它并不是唯一的。研究发现，关于婚姻的许多谬论不仅是错误的，而且对婚姻还有潜在的破坏作用，因为这些谬论会把夫妻引到错误的或者是更糟糕的道路上去。更令人难以置信的是，它甚至还会让两性相信他们的婚姻已经无可救药。别不相信，下面这些关于婚姻的事，也许就是这么回事。

1. 情绪或人格的问题会毁灭婚姻。错！

在很多人看来，有焦虑症的人是不适合结婚的，然而，研究表明，普通的神经官能症与爱情失败之间的联系并不大。这是因为我们都有不能完全理性对待问题的一面，但是，这些问题并不会对婚姻造成必然的干扰，真正幸福的婚姻，关键不在于你的另一半要有"正常的"人格，而在于这样的另一半是跟你合得来的人。

举个例子，吉姆是个对权力很感兴趣的人，所以他非常厌烦有人管着他。如果他同一个专横跋扈的女人结婚的话，那么结果肯定是灾难性的；但是，如果他与一个从不试图对男人指手画脚的温柔女人结了婚，那么他的婚姻一定会过得很幸福。

再来看一个例子，由于贝丝很小的时候父母就离异了，所以她有着根深蒂固的遗弃恐惧症，不过，她的丈夫韦恩很爱她，但是，韦恩却是一个温文尔雅

02 婚姻是爱情的延续还是终结

深受女人喜爱的人，每次在聚会场合，他总会毫不忌讳地与人调情。贝丝抱怨他时，他就说自己是如何如何地忠实于她，并希望她能让自己享受这种无害的乐趣，但是，敏感的贝丝还是从韦恩的调情中察觉到了威胁。她知道韦恩是不会停止的，于是他们还是分居了，最后离婚了。可见，神经官能症不会毁灭婚姻，关键在于双方当事人如何处理问题。如果你能包容对方奇怪的一面，并能满怀关心、爱意与尊敬地去处理它们，你们的婚姻就不会触礁。

2. 共同的兴趣爱好将你们拉到一起。错！

共同的兴趣爱好能否将婚姻中的男女拉到一起，这取决于当彼此追求这些爱好的时候，是如何配合的。一对热爱皮艇运动的夫妻很可能会让皮艇在水面上平稳地滑行，在这期间，他们笑着、交谈着、关注着彼此，可以说，是他们对皮划艇的热爱深化了他们彼此之间的爱好和兴趣。

而另外一对夫妻虽说同样喜欢划皮艇，但是，他们并不像上面那对夫妻一样能够做到尊重彼此，在玩耍的时候，他们不是被"你这个白痴""你怎么用钩形划法"打断，就是被不安的沉默打断。从这对夫妻的情况来看，我们很难知道，要怎样追求共同的兴趣爱好才能给婚姻带来最大的好处。

3. 夫妻应该互相回报对方的友善。错！

观察幸福婚姻与失败婚姻会发现这样一个差别：幸福婚姻中的配偶们会互相示好，就是说，他们会用微笑回报微笑，用亲吻回报亲吻。这种看法的本质就是，在夫妻之间有一个不成文的协议，这个协议能够给予夫妻双方中的任何一方说好话或做好事的人以补偿。

然而，在不幸的婚姻中，夫妻之间的生活到处充斥着愤怒与怨恨。如果让处于这种困境中的夫妻意识到他们也需要遵照这样一些"协议"的话，那么，这个理论就能得以实行，而且夫妻之间的互动也会得到修复。

在不幸的婚姻中，这种补偿经营的确是存在的，夫妻双方的每个人都觉得有必要记账，看谁为谁做过什么。而幸福婚姻中的夫妻才不会在意这些，不会认为一个人做了晚饭，另一个人就要以洗碗作为补偿，这是因为他们对他们的配偶以及他们的婚姻本来就是信心十足。不妨想想看，如果你发觉自己正为配偶的一些问题而斤斤计较，很可能意味着这些问题是你婚姻中的敏感问题。

4. 回避冲突会毁掉你的婚姻。错!

对待婚姻,很多人会觉得实事求是应该是一种普遍的态度,但是诚实并非对所有的婚姻都有好处,许多一生幸福的夫妻常常是把问题藏起来的。

拿吉恩与邦妮来说,每当吉恩惹恼了邦妮,他就会转身离开,自顾自地看体育节目;而如果邦妮生吉恩的气的话,她就会气哼哼地去逛商场,然后两个人又重新走到一起继续生活,好像之前什么事情也没有发生过。结婚四十多年来,吉恩与邦妮从来没有坐下来正儿八经地讨论过婚姻这个话题,但是,他们会诚实地告诉你,他们对自己的婚姻生活感到很满意,他们有着相同的价值观,他们彼此深爱着对方,他们喜欢一起钓鱼、旅行,而且他们也希望自己的子女也能像他们一样过着幸福的婚姻生活。

其实,不同夫妻的冲突风格是截然不同的。有些夫妻会避免不惜任何代价地争斗,有些夫妻会经常为了琐碎小事而争吵不休,有些夫妻则能"详细讨论"他们的分歧,并在无须大声争吵的情况下找到折中的办法。在这些不同的冲突风格中,没有哪一种比另一种更好,只要这种风格能对两个人起作用,就是好的。如果夫妻中的任何一方总想把冲突讲个明白,而另一方只想看到最后结果的话,那么,他们只会遇到麻烦。

5. 外遇是离婚的根本原因。错!

你是否认为外遇是导致离婚的根本原因?告诉你,恰恰不是。其实,是婚姻中存在的问题把夫妻双方送到离婚的轨道上,使得他们去寻找婚外的亲密关系。在大部分婚外情的案例中,我们会发现这些婚外约会通常与性无关,却与寻求友谊、支持、理解、尊重、注意、关爱以及担心有关,而这些原本是婚姻应该提供的东西。

有这样一个关于离婚的调查表明:80%的离异男女认为,之所以导致他们婚姻破裂的原因是因为夫妻双方彼此逐渐疏远,丧失了亲密感,或是因为他们感受不到爱与欣赏。然而,在这些调查者中,只有20%~27%的夫妻认为婚外情要对婚姻的破裂负部分责任。

6. 从生物学上说,男人不是为婚姻而"生"的。错!

看到这个观念,想必自然会得出外遇导致离婚的结论,也就是说,相信男

人天生就是花心的，所以，一夫一妻制并不适合他们，这被认为是一种弱肉强食的法则。对于雄性物种而言，他们总是希望创造尽可能多的后代，因此，他们忠诚于任何一位配偶都是肤浅的。对于雌性物种而言，她们则担负着巨大的责任，要照顾幼小的孩子，要寻找能够为她与她的孩子提供优越生活环境的单身雄性。

但是，不管物种遵从什么样的自然法则，对于人类来说，婚外情的发生并不取决于性别，而更多地取决于机会。现如今，随着女性外出工作的增多，女性婚外情的比率猛涨。一项关于这方面的调查报告还显示，自从大量女性走上工作岗位后，年轻女性的婚外情人数显然要略超过男性。

7. 男人与女人来自不同的星球。错！

翻开婚恋方面的畅销书，总能看到这样一些轻率的结论：男人与女人之所以难以相处，是因为男人"来自火星"而女人"来自金星"。然而，成功的婚姻中也包含着配偶是"外星人"的情况。来自性别上的差异或许与婚姻问题有关，但这并不是这些问题的根本原因。

提起婚姻生活中的性、浪漫与激情，夫妻双方是否满意，对于妻子来说，70%取决于夫妻友谊的质量；对于丈夫来说，同样70%取决于夫妻友谊的质量。可以说，男人与女人其实来自于同一个星球。

除了上面提到的这些关于婚姻的谬论，还可以列举很多，这些谬论提供的错误信息只会让那些拼命想使婚姻运转的夫妻们感到沮丧。如果这些神话暗示了一件事情，那就是，婚姻其实是一个极其复杂、庄严的机构，而我们中的大部分人做得并不够好。因此，我们更有必要学会用勇气、决心与弹性来维持一段感情的持久，一旦你懂得其中的道理，挽救或保卫你自己的婚姻将会容易得多。

你们的时间谁说了算

结婚了,你的时间都给了谁

毫无疑问,在我们的文化观念中始终存在着这样一种观念,那就是结婚就意味着"游戏结束",从此以后,我们不能再消遣作乐。至于该如何支配你自己的时间问题,决定权显然已不再属于你自己,而属于你的妻子。更甚至于,你还需要尽快做好准备以适应这一切,因为正如你所知的一样,你即将成为家庭的囚徒!

很显然,这是一种在男性的视角下所产生的偏见。问题的关键在于,只要你已经结了婚,那么你的时间观念就会产生巨大的转变。至于时间该如何支配,你所做决定的方式也完全不同于从前。事情理应如此,因为早在结婚以前,我们的时间只属于我们自己,而一旦踏入结婚的殿堂,时间就属于双方共有了。

我们之所以会结婚,是因为我们希望与自己的伴侣一起共度余生,这就意味着我们要共同支配时间。然而,具体到分配时间这个问题,夫妻双方显然有着截然不同的期望,一方希望彼此之间能够花更多的时间待在一起,而另一方则希望能够有更多的时间独处。

不过,在日积月累的共同生活中,婚姻双方对于时间分配的期望也不断地发生着变化。比如,婚姻中的一方会坚持认为双方在支配时间这个问题上要有相互告知的义务,而另一方则坚持认为,能够有自己自由支配的时间。于是,

02 婚姻是爱情的延续还是终结
MARRIAGE PSYCHOLOGY

我们就会看到这样一个场面：夫妻中的一方想方设法地延长与伴侣相处的时间，而另一方则绞尽脑汁地为自己留下尽可能多的时间。然而，就在你尚未察觉的时候，时间引燃的战火早已是迫在眉睫。

在下文，你会认识两对出于不同原因而身陷时间战火的夫妇。从他们身上你会发现为了促进夫妻双方不断取得进步，你所要做的就是认真理解两条看似相悖的原则：其一，你所有的时间安排需要向你的伴侣负责；其二，你要对在时间安排上所做的所有决定负责。这听起来似乎很容易让人迷惑，下面就一条一条地为你解读。

第一条原则需要你牢记在心的是，结婚以后，对于你做出的任何时间安排，你需要向你的伴侣负责。当然，这不是说你必须将每分每秒的事情都记录在案，而是指你所做出的任何时间安排都会对伴侣产生影响。关于这一点，你一定要很清楚。

关于这一点，一位美国著名作家曾经这样写道："看看我们是怎样度过每一天的，就知道我们是怎样度过整个人生的。"的确如此，你是如何利用每天24小时的，会直接影响到你人生和婚姻的方方面面，因为这从一个侧面反映了你的个人喜好、价值判断以及处世准则等。而且既然我们选择与他（或她）结为夫妻，那就等于向外界宣布，你把你们之间的婚姻关系放在了一切事情的首位。因此，对于你所做出的一切时间安排，你必须向他（或她）负责。也许，你早已有过这样的经历，夫妻双方在安排时间的问题上，经常会产生激烈的摩擦。不过，这也许不是一件坏事。

为什么他总是迟到

下面是关于艾米和马克的故事，认真读过之后，或许你能发现些什么。

艾米和马克是大学同学，结婚12年。为了让艾米和两个孩子过上富足的生活，马克开了一家公司，总是不辞辛劳地努力工作。不仅如此，马克还是一位称职的父亲，经常和孩子们在一起玩耍。艾米对孩子们的照顾也可谓无微不至，而且她还有一份兼职工作，并且热衷于参加教会的各种事务。

相比而言，这对夫妻的婚姻还算幸福，但是艾米却被一个问题始终困扰，甚至让她感到十分烦恼，以至于无法忍受。下面就是她内心的原话：

"我是如此地爱着马克。但是结婚这12年来，不管什么事情，马克从来没有按时过。以吃饭这件再普通不过的事情为例，虽说马克会经常告诉我，他会在6:00回来吃晚饭，然后每一次他都会等到7:00才开车回来。就这样，一年一年过去了，这种情况变得越来越糟。甚至当我们需要参加活动的时候，他也仍然我行我素。有一次，小儿子在学校参加比赛，为了能占到两个好位置，我放下手头的工作，提前一个小时就到了。然而，直到比赛开始前的最后一刻，孩子的爸爸才姗姗出现。更可气的是，他连句谢谢都不说，好像这个座位是从天上掉下来的一样！当时，我一下子就恼火至极。

"我知道马克有自己的生意要打理，所以一直都很忙，有时候说不定真的有什么事情，但是我总是搞不明白，有必要天天都这样吗？难道马克就不能提前打个电话，告诉我他可能晚一点儿回来，好让我心里有个数？

"对于这种情况，虽说我早已习以为常，总是强压怒火，但是实在忍不住的时候，也会偶尔发作一下。虽然发发火会好一些，但是也仅限于接下来的一两天。我真不知道该如何是好。"

当我们认真地思考艾米和马克的问题之后，就会发现在这个问题上，艾米最需要的不是时间，而是尊重。尽管马克并非有意要拖延时间，但是整件事情，对于艾米而言，却无疑会这样认为他的做法显然是在传递这样一个信息："我的时间比你的时间更加宝贵。"

马克拖拖拉拉、考虑不周的习惯，的确缺乏应有的责任感，这种情况下，只会让艾米感到无计可施。然而，问题的关键却远不在此。对于马克的种种表现，艾米总是盯着不放，甚至觉得他根本无法对自己的行为做出合理的解释，所以对马克拖拖拉拉的习惯更是心生怨恨。反之，如果艾米能够转而关注自己

在进行时间安排时的责任的话,她就不会再感到无能为力了。

这该如何理解呢?艾米要对什么负责呢?答案就是她的选择。在上文的故事情节中,我们会得出这样一个结论:正是艾米的选择导致了最不希望看到的事情。无论马克怎样做,艾米都没有按照原定的计划行事,这就使马克对自己的时间安排缺乏责任心。

那么,事实又是怎样的呢?每当马克没有按时回家,艾米就会一再推迟晚餐时间和孩子们的就寝时间。此外,艾米明明知道马克有拖拖拉拉的习惯,为了能够占到好的位置,弥补他有可能造成的损失,她提前出现在学校的礼堂里。我们不妨想想看,如果情况总是这样,还有什么理由让马克自愿做出改变呢?当这种事情一而再再而三地出现时,艾米唯一能够想到的办法就是大发雷霆,但是这种做法不仅会引发伴侣之间的抵触情绪,而且还会让自己变得更加恼怒,而马克似乎更不愿意做出任何改变了。

关注自己的做法和动机

看到这里,我们想对艾米说的是,与其总是盯着马克不放,希望知道他为什么总是迟到,不如转而关注自己的做法和动机。

开始行动之前,不妨多问问自己,长期以来,对于马克拖拖拉拉、缺乏尊重的习惯,为什么总是予以宽容;是不是只有马克在身边的时候,才会有安全感和价值感;是不是害怕独处;是不是总会担心马克不想和自己在一起;是不是总会担心,如果马克知道自己的真实感受,了解了自己的愤怒与痛苦,对自己就会变得更加满不在乎?

事实上,当艾米对上述问题进行过深刻的反思以后,突然认识到这样一个难以承认的事实:"我对自己的担忧做出了让步,因此才让事情变得更糟。"不得不承认,能够认识到这一点,的确为艾米带来了巨大的力量。当她明白自己在这起事件中所扮演的角色以后,她准备让马克知道她眼下的处境,并且她还告诉了马克,自己接下来打算怎样改变。

但是,在这个过程中,艾米需要对马克的行为做出回应,为此,她必须做到头脑冷静、心态成熟地向马克袒露真实的自我,让他知道自己心生怨恨的真正原因,并且一定要向马克强调,他的拖拖拉拉总是让她感到自己毫无价值。

然后，艾米需要观察马克的反应。最后，无论马克是否配合，她都要自愿做出改变。反之，如果艾米大发雷霆或是向马克发出最后通牒，只会让她的处境和他们的婚姻状况变得更糟。

事实上，艾米的确按照上述步骤做了，结果她发现马克根本不知道他的做法让她感到没有受到应有的尊重。在马克看来，他一心想着抽出更多的业余时间，好让自己能够多在家里放松一会儿，并且多陪陪妻子和孩子。

当艾米不再对他唠唠叨叨、指责不休，而是心平气和地说出自己真实想法的时候，马克忽然意识到，问题的关键不在于他能不能挤出更多的时间，而在于他对妻子缺乏应有的了解和尊重，正是这一点让艾米感到几近崩溃。

从此以后，每当马克能够赶回家吃饭时，他就会按照自己的工作进度，把时间说得稍微晚些。这样一来，马克就有了一个缓冲时间，于是，他总是能够按时甚至经常提前回到家。至于那些需要前往学校参加活动的情况，艾米仍然会提前赶到。因为她发现，虽然位置的好坏十分重要，但是马克却并不介意这些，所以艾米会自愿提前入场，并且开心地为马克留下一个座位。结果，马克每次都会对艾米的做法表现出一种发自内心的感谢之情。

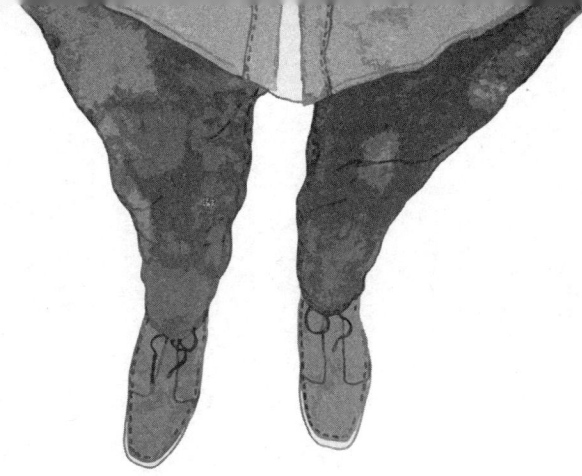

03

男人应该是裘皮大衣还是贴身棉袄

一位著名的心理学家曾说过:"女人对她们生活中的男人知之甚少,她们与男人一起生活,照料他们的起居饮食,为他们生儿育女,但她们并没有真正了解男人。"在两性关系发生深刻变化的当今社会,夫妻间的关系也更加迷离多变。男人应该是裘皮大衣,还是贴身棉袄呢?

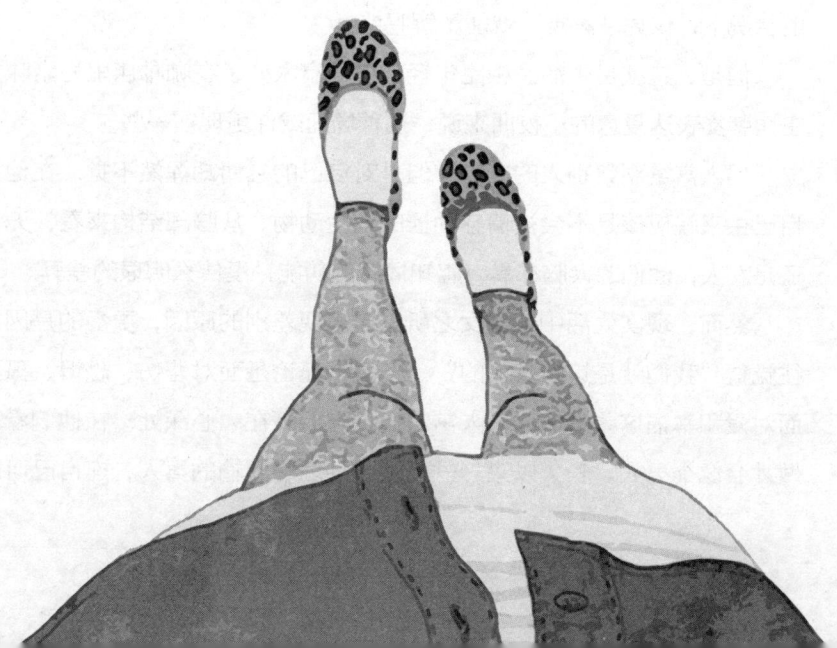

女人不了解男人，男人更不了解自己

先来说一部电视连续剧中的一个场景。

男主角正在为他刚刚开始的恋情苦闷着，为什么呢？因为他觉得女朋友心里好像隐藏了什么。

"要是有烦恼，你就说出来嘛。"

"你怎么知道我有烦恼呢？"

请注意，下来的台词就点到关键了。

"我怎么会不知道，一看你的样子就知道了。"

想必很多人都会诧异，女孩子的烦恼怎么能预测得到，男主角在毫无征兆的状况下，仅凭"感觉"就能了解吗？

但是，这就是生活。相比年轻英俊的富家公子在咖啡店里为素昧平生的女主角弹奏表达爱意的小夜曲来说，这种场面或许更现实一些。

男人常常观察别人的感情，但是对自己的感情却浑然不觉。在他们看来，自己生来就应该是不会被情感动摇的理性动物。从脑部结构来看，无论是男人还是女人，他们的大脑都具有感知情感的功能，没什么明显的差异。

然而，现实生活中，男女之所以会出现差别的原因，更多的是因为男人往往觉得"我们就是这么长大的"。于是，无论是面对悲伤、恐惧、孤独，还是面对爱和幸福这些感情，男人常常会把它们藏在内心深处。在他们看来，这样做才会像个男人。长久以来，一直被这种思想灌输的男人，连自己可以感受到

那些感情这一事实都会加以否认,于是,为了成长为"真正的男人",他们总会不断地告诉自己:不能因为任何事情而受感情的影响。

不过,这里却有一个很重要的问题。男人并不是真的无法感知感情,只不过是"不明白自己感受到的东西"。

在每月一次的高中同学会上,正在念大学的奥德里奇又再次遇见了"那个家伙"——狄克。不出所料,稍后开始的酒席上,狄克那家伙又吸引了所有人的注意力。

这个人口才好又有幽默感,不管走到哪里总能带动气氛。但是,这个人往往以贬低别人的方式开玩笑,而可怜的奥德里奇则经常被当作牺牲品。为此,狄克还挺有理由,说自己和奥德里奇很熟所以才这样,但事实上他们俩并不是很熟。今天,这个叫狄克的家伙又要拿奥德里奇矮小的身材开玩笑。

"奥德里奇,这包明明是男式的,怎么你背着就像是女式包了呢?像你小子这种身材,就该背粗犷些的包嘛,背那种纤细的中性化的包难免会让人误以为是女孩子。"

奥德里奇听了,心里有些不满,同学们也都在捧腹大笑。这样情况下,让嘲笑不再进一步扩散的唯一方法就是闭上嘴,再喝上一杯。

"我和这包不是挺配的嘛,最近像我这样精致的身材是流行趋势哦。"

听了奥德里奇的话,朋友们笑得更厉害了。奥德里奇原本以为自嘲一下就不会再有更进一步的糟糕局面了。然而,狄克这个家伙却又说了一句让人哑口无言的话:"好吧,那你就大声喊出这种流行趋势吧,我想女人们肯定会爱死你的。"

就在那时,所有在座的人都安静下来,奥德里奇更是满脸通红。但是那个没心没肺的家伙却立刻转换了话题,又用一个笑话改变了原本尴尬的气氛,别说是众人,就连奥德里奇自己也把刚才的戏谑与调侃抛在脑后,继续和朋友们喝酒聊天。

奥德里奇度过这段自以为还算愉快的时光后，回到家，他的妹妹看到他却说："哥哥，为什么你每次参加同学会回来，心情看上去总是不太好呢？还有，为什么每次叫你，你都一定要去呢？"

听完妹妹的话，奥德里奇陷入了沉思："我去了同学会回来心情就不好了吗？真是这样吗？"

其实，男人大多像奥德里奇那样，虽说对那些披着玩笑外衣的人身攻击无法表现出愤怒的一面，但是更担心如果自己生气了可能会被说成是心胸狭窄的人。不过，如果这种情况反复发生，男人甚至还会产生错觉，以为自己的情感不会被伤害。然而，男人也不是铁石心肠，和女人一样，他们也会受到同样深刻的伤害，而这些伤害还会日益累积。

然而，当人们无法缓解自己的情绪时，很可能要付出难以想象的代价。要知道，如果想在心理上达到健康的状态，那么，感受到的和认知到的就必须一致，否则，心里就会感觉不舒服。如果奥德里奇因为"那个家伙"而生气的话，那就会违背他的本性，这是他感情和认知的不一致。为了克服这种不一致，大多数男人往往会采取最简单的方式，就是避免和别人进行深层次的交流，即使对方所说的话不符合事实，也不愿进行长时间的沟通或讨论。

不过，男人因回避与自我的深刻对话而累积起来的伤害，也会在外部表现出相应的行为。那段时间里，奥德里奇心中怀揣报复的利剑，力求以最出色的表现来回敬对方，于是，经常会看到他带着美得像模特儿般的女友出席聚会，很显然，这么做是出于报复的考虑。

其实，男人在受到伤害之后，如果想修复自我的话，大可不必像武侠电影里那样隐居深山，只需把那个经常害人的"家伙"叫到一边，很笃定地告诉他："以后这种让我不高兴的话，请不要再说了。"或者，干脆不见这种人。

可是，为何大多数女人都可以做到的事，男人却偏偏做不到呢？因为男人对自己的感觉一无所知，所以往往会在感情上依赖女性，借由母亲、恋人或是妻子以及诸如此类的女性同伴的感觉和表达，来揣摩自己的感情，这也可以解释为什么女人常常会被忧郁的美男子所吸引，而男人反倒对开朗乐观的女性

03 男人应该是裘皮大衣还是贴身棉袄

颇有好感的原因所在。因为对于男人而言,如果看到对方露出忧伤和难过的表情,他们就会直接感到是自己受到了伤害。

也许,此时此刻,你的心情早已乱成一片,而身边的男人却一点也不能给你带来任何的安慰。如果你想骂他是个"连这点小事都做不了的家伙",那么,请在说出这样的话之前,停下来认真地想一想,其实现在他的心里是非常慌张的。表面上看,他对你似乎没有一点帮助,但是深入地想一想,从他努力试图去安慰你这个行为上看,你也应该可以明白他的心意了吧。

为什么男人不愿意付出

当天平失去平衡

幸福的婚姻是双向的,需要彼此都能感觉到快乐与和谐,当然,要想收获这样的婚姻,更需要彼此之间都能够懂得付出,而不只是索取。然而,真实生活中,人们更希望感受到的却是"对方能为我做什么"。

亨利和爱丽丝深爱着彼此。然而,结婚一年后,亨利就开始把他的全部心思都放在工作上,每当亨利忙完一天的工作回到家后,只想放松一下,并不想谈论什么。尤其是工作中出现重大问题时,亨利更是一头钻进工作。对他来说,解决才是最重大、最紧急的问题。渐渐地,亨利越来越冷落他的妻子。

在亨利看来,自己已经完全有能力、成功地处理好夫妻关系中的所有问题,因为在他看来,男人一旦将女人追到手,她就不会跑掉。这样一来,他就可以全力在事业上拼搏了。

其实,亨利和爱丽丝的问题还远远没有结束。要知道,女人有女人的弱点,男人也有男人的弱点。女人特有的弱点使得爱丽丝在得到越少的情况下付出更多,而男人特有的弱点则使亨利在接受更多爱的情况下,反倒付出的爱变得更少。

至于男人为什么会有这种逻辑，似乎可以这样解释："如果女人愿意为我作出某些牺牲，那么，一定是我在某些方面已经为她做了什么事情值得她这么做，我应该好好享受一番。我接受的越多，越不用更多地付出，而且我还可以少付出些。"

看到了吧，这就是为什么男人在赢得女人的爱以后，逐渐变得懒惰和吝于付出的原因之一。如果在女人的脸上天天挂着微笑，那么，男人势必会认为自己付出的爱已经足够多了，如此一来，也就失去了再继续给予的动力。

当然，还有我们更不愿意看到的一面，婚姻中男女之间的关系也会因此而失去平衡。亨利给予的越少，爱丽丝为求回报，给予的就会越多。在爱丽丝看来，自己为亨利所作的牺牲足以取悦于他，使他自然而然地回馈给她更多的爱。然而，不幸的是，事情的发展总是事与愿违。当亨利付出越少、得到越多的时候，几乎是没有任何动力或激情去付出更多的。当然，在这个循环过程中，亨利也要为此付出代价，那就是失去爱丽丝诚挚的感激与接受，而爱丽丝付出的代价则是得到的爱少之又少，愤恨则越来越多。

渐渐地，随着事态的发展，爱丽丝越来越想用自己的爱换回亨利更多的爱，但是每次无不是以失败告终。久而久之，怨恨就逐渐在她心中积聚起来。无论爱丽丝多么努力地去显示自己的爱意，但是在她的内心深处，还是难以掩饰内心的愤懑之情——并非被满怀爱意地给予，而是被深感空虚地付出给填充着。就这样日复一日，爱丽丝欣赏、接受、信赖伴侣的能力也逐渐被削弱了，她也无法再给予他所需要的爱了。

这种时候，甚至于连爱丽丝本人来说，都没有注意到内心逐渐增长的愤恨。更令人啼笑皆非的是，有时候，这种愤恨还会不请自来，无论何时亨利做出一些他认为具有特殊意义的事情来讨好爱丽丝时，她内心积累的愤恨便会自动蹦出来，让她对他的殷勤不屑一顾。有时候，如果爱丽丝想请亨利帮忙，她的愤恨又会介入其中，甚至连请求的口吻也会充满命令的味道。

爱在付出时

看到这里，不知是否有一股别样的滋味正从你的心底里浮上来呢？曾几何时，我们总是不止一次地问过："爱是什么？"其实，爱很简单，爱就是付

出，付出你所有的心意，包括你的欣赏、赞美，甚至崇拜。给他（她）你所有的心疼、怜惜、尊重与在乎，给他（她）你所有的信心、依附、关怀与惦念。用你的眼神、行动，你的一切，让他（她）知道你的心意，让他（她）知道你的心中他（她）最重要。

对于婚姻，一位演艺界的名人曾说过，关键是要懂得付出，"婚姻是需要经营的，能得到多少幸福，要看自己能付出多少"。没错，很多时候，付出才是一种爱的表现，只有付出才是对爱的最伟大的诠释，也只有在我们真正付出以后，才能更加心安理得地接受来自于对方的奉献与爱。

如果说爱是一种醉人的感觉的话，那么，婚姻就是一种脚踏实地的行为，在爱里，我们可以为彼此赋予最完美的想象与希翼，然而，在婚姻中，我们却需要最坦诚、最实际的行动。试想一下，当你为爱人而爱，当你为婚姻而奉献，当你看到生命中的另一半正在享受你所构建的幸福时，难道不是一件令人快乐幸福的事情吗？

然而，遗憾的是，我们总以为自己已经付出了很多，可是在面对满足欲望的关头，比如，想得到肉体上的快感、要为彼此劳动、要费心体谅时，自我和惰性往往胜过想付出爱的愿望，于是，我们宁愿以生理需要、条件不及对方、体力不济之名，先满足自己。总之，我们选择了自我，说服自己只要思考过爱就能爱了，最终，人只爱自己，爱情只是一个假象。而这也说明一点我们的爱还是不够强大。

事实上，当我们的爱足够强大，个人的满足也就不再重要了；当我们看到所爱的人因我们的付出而快乐，更加积极地活着时，所换回来的满足感也就超越了个人欲望上的满足，可以说，这才是爱的真正力量。做到这一步，我们才是把爱修炼得很好。

所以，作为爱人的爱人，想要拥有幸福婚姻的我们，在携手同行的路上，更多的时候，需要自省，需要好好想想自己能为对方做些什么。爱情是需要共同付出才能开花的，而婚姻更是需要共同成长才能结果的，选择了爱人就要与他（她）同欢共喜，携手婚姻就要彼此同甘共苦，什么时候都不要忘记，幸福其实就在我们自己的手上。

理解男人的洞穴情结

男人都有一个"洞穴"

每个男人都有一个自己的"洞穴",心理学家说,这个"洞穴"就是男人的自我天地,它是男人精神世界的"隐蔽所",也是男人退避与休憩的心灵圣殿。在这里,没有任何事情可以打扰到他,他会把问题反复斟酌与权衡,从而尽早获得解决。然而,就在男人津津有味地独自反思的时候,却没有意识到,他的态度和举动给自己的伴侣带来了多么大的伤心,他的漠然置之、他的不理不睬带给伴侣多么痛苦的感受。

盖尔克奇和戴琳斯因为深爱着彼此而走到一起。然而,随着相处时间越来越长,戴琳斯对一件事情颇为疑惑,盖尔克奇总是会把自己"关闭"起来,就好像刹那间他的所有情感都消失了,整个人变得冷漠无情。

照例是一个晚饭后,盖尔克奇刚一转身离开,戴琳斯就为刚才惹怒他的行为而深感内疚,虽然她自己并不知道什么地方做错了。

戴琳斯轻敲盖尔克奇的房门,以女性特有的温柔口吻说:"盖尔克奇,我知道你现在很不好受,不过,我们可以谈谈吗?"

盖尔克奇则用男性典型的方式回应道:"我只是想单独待一会儿。"

看得出,戴琳斯依然在坚持,坚持用探索男人内心感受的方式帮助他,以表示自己对他的关爱,这是女人们通常的做法。

"亲爱的,我知道你在生我的气。好,那就让我们谈谈吧。你能告诉我,现在你的心情好些了吗?"戴琳斯是如此希望盖尔克奇也能像这样对待她。

然而,盖尔克奇并没有如她所愿,他反倒被妻子的这种关爱激怒了,愤怒地吼叫道:"走开!让我安静一会儿!"

最后,戴琳斯悻悻地离开了,心中十分惶恐,甚至在她的脑子还闪现出一个不妙的想法:"我已经失去了他的爱。"

其实,盖尔克奇并不像戴琳斯想象的那样烦恼、愤懑。他只是需要一点时间让自己冷静一下,而戴琳斯却拼命地挤压他的空间,甚至认为天要塌下来了。戴琳斯曾多次跟她的闺密絮叨过,在她看来,只有在极端愤懑的情况下,盖尔克奇才会像这样把自己关闭起来。然而,她并不理解,盖尔克奇之所以关闭自己仅仅是为了有一点空间去消解一下他小小的烦恼。

男人为什么会关闭自己

其实,男人的关闭只是一种不由自主的本能反应。但是,对于女人而言,却不能正确地理解这一点,是因为在她看来,如果自己的男人愤然地把自己关闭起来,她觉得男人是在不公平地惩罚她,某种程度上,甚至是在控制她。

对于每个男人而言,当他们感觉自己的痛苦情绪进入意识层面时,会本能地选择关闭自己,这是一种男人无法控制的自身防御机制。在印第安传统中,如果勇士感到沮丧,就会静悄悄地退入自己的洞穴,没有人会跟随他,他们懂得压力之下的男人是需要一些时间独处的,从而仔细考虑使他烦恼的问题。为此,他会警告自己的妻子:"如果你跟着进入洞穴,就会被洞里的火龙烧死。"不过,当勇士考虑好了,就会自然地走出洞穴。

值得注意的是,大多数男人在面对巨大压力时,往往会关闭自己的情感,客观地观察局势。即使是对于那些女性特质高度发展的男性,在遭遇压力的情况下,也会选择撤退下来,并将整个意识开始收缩并集中到一点上,试图看清到底发生了什么。之后,男人又会努力将自己拉出情绪风暴,避免使自己受到情感反应的影响。别忘了,男人的基本天性就是阳刚之气,为了战胜压力,他

03 男人应该是裘皮大衣还是贴身棉袄

们需要暂时撤下来，单独待一会儿。如此一来，他们的力量才会得到增强。压力之下的心神不宁，无疑会让他们无法处理好自己的主观感受。

可见，男人选择关闭自己时，只是意味着他需要一些空间和时间来让自己静一静，如果女人试图把男人从关闭状态中拉出来，反倒会激起他的阴暗面，无疑是自找麻烦。故事中的盖尔克奇和戴琳斯正是因为不知道男人和女人之间的这种自然差异，因此，不可避免地产生了误解、愤恨和冲突。

但是，故事发展到这里并没有结束，冷静之后的盖尔克奇又回到了从前的样子，而戴琳斯却被她一砖一瓦筑起的愤恨之墙搞得闷闷不乐，足足憋了三天，夫妻感情才有所缓和。要知道，男人不仅具有在刹那间彻底关闭自己情感的能力，而且还会在瞬间立刻开放自己。然而，女人则需要很长时间逐渐关闭自己。

不过，大家是否有过这样一种体验：当你的男人迅速地重新开启自己的心灵之门时，你却变得不敢相信他了，此时你的心里可能会犯这样的嘀咕："他一定是假装感觉好一点儿了。"从女人的角度来看，她是绝对不会如此之快地关闭自己再又重新开放自己，所以，她会本能地误解男人的关闭，把问题想象得比实际情况严重得多。对于女人来说，一砖一瓦地筑起愤恨之墙，是一个渐进的过程。当这堵墙终于完成时，她会选择关闭自己，从而保护自己不再受到进一步的伤害。男人则不同，他们可以在瞬间关闭自己，也可以立刻开放自己。

所以，当男人关闭自己的时候，不妨对你的伴侣说："我需要一点时间好好想想。一会儿就好，然后我们就可以谈谈了。"如果这么说对你有些难的话，不妨先学着这样说："我需要一点时间好好想想，一会儿就好。"对于男人来说，说出"然后我们就可以谈谈了"这样的话，是一个比较大的承诺，显然不够符合男人的天性。不过，当男人回复了平衡，就比较容易和他的伴侣谈论那些令他烦恼的事情了。

当然，也会出现这种情况，当有些男人从关闭状态中走出来时，可能什么也不说，因为他已经认识到其实并没有什么事会让他烦心的，而且他也足够清醒地认识到是自己的反应有些过激了，或是观察问题的方式不对，现在一切都很好。多数情况下，如果一个男人"闭关"归来，说自己一切都好时，那么，女人就应当相信他并放下心来。

读懂男人的情绪密码

每个男人都有自己的情绪密码

在婚姻中，大多数女性都非常疑惑这样一个问题："我该怎么引导男人表达自己的情绪呢？"其实，对于男人而言，他们更擅长用外在的"事实"来表达内在的情绪。下面是一位名叫莎拉的已婚女性的内心独白，在她看来，丈夫的做法是不可理喻的，但是，她又颇为自信地认为，只有自己才能读得懂丈夫的情绪密码。

我和老公算是经常交流的了。结婚这么多年来，每天我们都会在晚饭时面对面坐下，聊一聊彼此在这一天发生的事情。很多时候，我总是非常陶醉，也非常享受这样的时刻，通过那样的对话我可以了解老公的心情。然而，在一次对话的某一个瞬间，我突然意识到，我的老公其实从来都没有针对自己的心情说过任何话，这让我感到非常懊恼。

"最近真是好忙啊，一点精神都没有。公司连个帮忙的人都没有，所有工作都压在我一个人身上。"

"哦，忙了一整天，你一定感觉很辛苦吧？"

"上次在同学聚会上，我的名字被选中了，还送了我一张商品代金券呢。"

"噢，是吗？你的心情一定很不错嘛。"

03 男人应该是裘皮大衣还是贴身棉袄

生活中,我和老公之间类似这样的对话还有很多,虽说他只是不厌其烦地陈述事实,而我却总是试图从中解读出他的感情,而且还偏执地以为他是在直接表达自己的感情。有时候,我甚至还会想,如果没有我的话,老公就无法发泄他内心的情感,那些情感将会永远在黑暗中一点点地积压起来,不见天日。

关于莎拉的经历,或许你也有过切身的体验,那么,请你无论如何都要坐下来,静静地听听坐在你面前的这个男人说的话吧。也许他不会提起任何关于他心情的词句。

比如,当男人的收入不太好而感到压力时,他不会说"连喜欢吃的东西都不敢买,真是令人难过啊",而是会说"新上任的政治家真是无能,把经济搞得一塌糊涂"。比如,当男人面对下属的无礼而感到压力时,他不会像女人那样,愤愤不已地说"我都快被那家伙弄疯了",而是略带绅士风度地说一句"现在的小孩真是没教养啊"。再比如,当男人听到艺人自杀的消息时,他不会像女人那样忧虑重重地絮叨几句"一定是感觉太累了,所以才那么做的"之类,而只是轻描淡写地感叹一句"现在的社会都快疯了"。

男人是怎样表达内心情绪的

男人不管是针对某个特定情况,还是自己的内心情感,都习惯于借助外在的事实来加以说明。这是因为对于男人而言,在他们能力所及的范畴内,这么做可以说是解释情感这种抽象化东西的唯一方法。当然,这也可以解释为什么男人对政治和经济往往特别敏感,并且特别喜欢讨论它们的原因所在。

对此,心理学家也有自己的看法,他们认为男人之所以对政治和经济特别关心,是因为他们试图证明一点:自己的行动或情感发生的原因只能从"外界"找到答案。不过,在政治和经济面前,男人总是无视那些对此毫不关心的女人,自顾自地高谈阔论,事实上,由于男人自身无法了解和表达自己的情感,所以,只能借助那些社会问题来展开对话。当然,他们也无不希望借此来展现自己博学多才的一面。

如此看来,男人似乎天生就具备一种特殊的能力,那就是将内心矛盾的

原因转化到外界去。正是因为这一点，也常常令心理咨询师们苦恼不已，在他们看来，最难对付的就是那些"演员型的男人"。这种类型的男人常常借助自己累积的知识和经验，以各种方式岔开话题，避开深入的对话。不过，只要这种"演员型的男人"将自己内心的情感直接表达出来，就能够接受进一步地治疗。

从今往今，当你的伴侣一提起政治经济方面的话题并准备大说特说的时候，你只要点头赞叹他的博学多闻，然后自然而然地转换话题就可以了。要知道，当男人鼓起勇气想说出来的时候，女人一定要学会聪明地认真倾听。男人总是不喜欢被人打断，因为一旦男人被打断，难免不会退缩，心想："为什么要白费力气分享呢？"别忘了，男人和女人相比，男性分享情绪需要更大的努力，更加的专注，当然，这也会消耗更多的精力。而且男人的目标意识是非常强的，总喜欢完整地做完一件事情，不希望过程断断续续，打断只会让他觉得过程不完整，所以，当他说起这些话题时，那就让他一次说个够，别打断他。再者，男人说这些话题时，其实也并不是真的想听你发表什么政治见地。

征服男人心中的温柔之剑

如今,越来越多的女性投入职场,同时又抱怨负担越来越重。女人要和男人一样挣钱,同时还要像个专家一样奔波于家务、育儿这些无休止的工作中。

曾几何时,女人因为不能公平地和男人一样生存,进行了无数次的革命和斗争,而男人对自身的放任却无法进行合理的解释。那些笨嘴拙舌的男人总会这样说:"看看吧,女人真是赚了一点钱,就要开始使唤男人了。"这样的言论一旦出口,那些深感疲劳的女人恨不得拿起石头砸向他们。正是因为男人不能良好地表达自己的想法,使得那些家庭负担不能被公平地分配给男人和女人。

而男人和女人的感受恰好相反,他们感到自己正在被强行要求从努力扮演着的"男性角色"向"女性角色"转变。几个世纪以来,虽说性别认知领域发生了很大的变化,然而,男人应该更强、更有能力、更懂得照顾他人的这种社会共识却没有发生很大的变化。结果,男人为了维持那种不流露感情的硬汉形象,一个个蜷缩起卑微的自我,拼命努力地奋斗着。

不过,现如今,又出现了一些新趋势,那些感情丰富、能够体谅女性,甚至带有一些女性情感特征的男人反倒越来越受欢迎起来。

30岁的公司职员比尔知道明天就是妻子黛西的生日了,于是一早出门上班的时候,他就跟黛西说,让她自己想买什么就买什么。然

而，黛西的脸色却阴沉了下来。

"为什么你从来没有自己买过礼物送给我呢？"她脱口说出这样一句话。

比尔听了，有些慌张，他一直认为让擅长购物的妻子自己买她喜欢的东西这是理所当然的事情。

"哦，亲爱的，这几天我一直都很忙，没有时间，再说如果让我要买的话，你可能不喜欢啊。"

"你公司边上不就是百货公司吗，怎么能说没时间，根本连借口都算不上。比尔，我现在怀疑是不是你的心意有问题？心意！你明白吗？"对着从来没有想过给女人买礼物的比尔，黛西一口气不停地数落着。

"我只是希望有个发卡。都给你这么重要的提示了，接下去怎么做，你自己看着办吧。"

比尔趁中午吃饭的空当，去了公司附近的那家百货公司，找到了以前黛西说起过的很喜欢的那个品牌的柜台。营业员了解了一下比尔太太的年龄和爱好之类的信息，然后拿出了一副镶着珠宝的发卡。

"先生，这是刚刚到的新品，卖得很好。我相信您的太太一定会非常喜欢的。"

果然，对这些东西一窍不通的比尔看着那个发卡也觉得不错，于是当场就付了钱，让店员包了起来，但是价钱着实比他想象中的贵了许多。他心里也嘀咕了一下，原来发卡都能卖得这么贵啊。

不过，虽说比尔觉得这件礼物有点贵，但是一想到妻子开心的脸庞，他也就觉得值得了。于是，比尔刚一下班就兴致勃勃地往家赶，一边说着生日快乐，一边把礼物送到妻子手上。黛西满心期待地接过礼物，但是当她看到发卡的牌子和外观之后，脸色立刻沉了下来。

"这像是新品吧，多少钱啊？"黛西赶忙问道。

比尔支支吾吾地坦白了价钱。黛西埋怨道："这么多钱都相当于我们两个人一个月的伙食了。"黛西边说边准备把发卡拿去退掉，就在她走出玄关的刹那，扔下了几句话，深深扎疼了比尔的心，"看来

03 男人应该是裘皮大衣还是贴身棉袄

还是没有心啊。你连一点心思都不愿意花，就知道随便买件贵的东西回来。为了生活，你知道我有多么节省吗？我只是希望你能多想着我一点儿，就算是给我买个廉价的发卡，我也会非常喜欢的……"

如果站在比尔的立场上，他一定认为自己已经做了该做的，可是，他偏偏不明白为什么按照妻子的盼咐买了礼物，换来的却是妻子的不满。不过，妻子黛西也是一肚子的郁闷，她只不过是想要看到老公为自己花一些心思，可是即使说得那么直白，老公怎么就是不能理解呢？

在妻子眼里，只要一些微不足道的关怀就能让她开心，然而，比尔却连这些举动都不愿做，黛西对如此吝啬的男人自然会有诸多埋怨。但事实上，对比尔来说，那些关怀绝不是小小的、微不足道的。

要知道，女人用她们的感觉很容易地就能关怀到别人，而且女人们投入这种"感觉"也是那么的轻而易举，好像个个都是世界首富，可以随意播撒财富一般。然而，对于男人来说，他们并不具备这样的能力。即便是再微小的举动，没有这种能力的男人还会觉得那是无比困难的事情。

或许很多人不理解了，但这就是事实——如果没有强烈的自尊心做保障，男人多情而温柔的品性是不可能存在的。然而，如果男人要想抑制住固化在本能里的男性特质而发挥女性化的温柔体贴的话，则需要不同寻常的控制力，而这只有当男人从骨子里就对自己作为一个男人充满自信时才有可能实现。这也正是那些看上去温柔亲切的男人为何总是给人不好接近、令人畏惧的原因所在。

然而，现实却是另外一种情况，在我们身边大多都是一些外表充满男性特质，而内在却软弱不堪的男人。对这些男人来说，如果让他们承受照顾家庭的心理压力，同时还要表现出温柔体贴的样子，显然是不切实际的。

还有一点，我们女人有时怎么看都看不见，而男人却真的在努力改变。对于这些改变，虽说在女人看来简直就像蝴蝶翅膀上的绒毛般微小，但是对男人来说，却已经像要了他们的命。我们现在该做的就是在这个女性化价值观越来越占主导地位的男性世界里，握住男人们不安的手，让他们不再为此而大伤脑筋。

男人在竭力隐藏什么

男人的两面性

对于女人来说，不管是谁，心情不好的时候至少还有一个可以将心情全盘托出的人。可是，男人呢？恐怕愿意将自己软弱的情感向身边亲近的人倾诉的一定是少之又少。

昨天，结婚六个月的赖尔和妻子维拉大吵了一架。赖尔在公司聚餐时，与另外一位心情烦闷的女同事喝得醉醺醺的。事后，两个人又顺道一起搭出租车回家。在出租车里，赖尔接了妻子的电话，就在这时，坐在一旁喝醉酒的女同事却大声地胡言乱语起来：

"嗨，你要对赖尔好一点！要是不好好对他，我可要把他抢走啦！"

赖尔回到家，维拉还在哭，眼睛红红的。

"你跟公司里的人都是怎么说的？从来不认识的女人为什么会那么说我？你跟那个女人到底什么关系？"

赖尔虽说有点醉，但还是清醒的，他觉得对妻子这样的质问根本没有解释的必要，支支吾吾地说："就是个女同事，什么关系都没有。她就是喝醉了撒酒疯。别说了，我很累了。"

第二天，赖尔醒后，回忆了一下昨晚发生的情况，自认为事情到此就算结束了。

03 男人应该是裘皮大衣还是贴身棉袄

然而,赖尔下班回家后,却惊讶地看到妻子的表弟正不悦地坐在家中,这时,赖尔才意识到一切才刚刚开始,而且表弟和赖尔打招呼的口气都很不寻常,家里的气氛瞬间冷到了冰点,之后的对话都围绕着昨天晚上的事情。表弟终于走了之后,维拉仍旧不依不饶地追问:"那个人就算是喝醉了胡说,但肯定还是男人提供了机会。"

结果,赖尔和妻子再次大吵起来。赖尔愤愤地摔门而去,进了一家酒吧。一个人喝酒的赖尔甚感凄凉,叫来了朋友。

"赖尔,你个小气鬼,今天居然请客喝酒,是不是出什么事儿了?"

"能出什么事儿啊……"

于是,赖尔和朋友一直喝到天亮,等他醒来的时候,家里乱七八糟的事情仿佛都忘记了。然而,这也只是暂时的,第二天早晨,现实和醉后的头疼一起冲击着赖尔的身体。

妻子看到烂醉如泥的赖尔忍无可忍,扔下一张便条就摔门而去。

这天早晨,赖尔的母亲打来电话问候他们。赖尔吞吞吐吐地说:"我们一切都好,嗯,维拉也很好,您别担心了。"

女人心情不悦的时候,她会求助的人可能是同学,可能是同事,也可能是像维拉那样,表弟也可以成为她倾诉的对象。可是,男人为了像个真正的男子汉那样,在妻子或恋人面前,总是努力表现出自己坚强的一面,而对自己软弱的一面则竭力隐藏。

同样,即使是两个相处得非常和谐的兄弟或朋友,当他们心灵软弱的时候,也无法成为彼此的知己。要知道,男人不到万不得已是不会流露自己的感情,当然,他们对别人在他面前暴露感情,也会表现得很反感。如果想让男人从身边亲近的人那里获得安慰,至少也是遭遇父母亡故、失业或离婚这样重大事情的时候,但是即使这样,他们也不会和盘托出自己的伤心和痛苦。对男人来说,那种絮絮叨叨的倾诉过程,不管是对说的一方,还是对听的一方,都是一种折磨。男人们往往会说:"肩膀上重重地拍上两下已经足够了。"

换句话说,男人从来不想让自己看上去脆弱无助,所以,男人总是将自己

锁在一个孤立，连他们自己都看不到的小房间里。至少在感情方面，完全不存在一个可以让男人完整表达的地方。

被关在玻璃立方体里的男人

有一位作家曾对此做过一个绝妙的形容：对女人来说，社会存在着一个压制女性职场升迁的玻璃天花板；而对男人来说，他们则是把自己囚禁在一个玻璃立方体里。男人们看着周围来来往往的一切，以及通往四周的通道，但是，他们自始至终都固执地坐在自己的玻璃立方体里，不跟任何人交流。很多时候，男人们即使再痛苦、再孤独，也要紧紧抓住自己内心中的那个男人形象。

让男人将自己的感情表达出来的唯一方法，就是让他们和能够自由表达情感的女性在一起。男人似乎天生就背着一个像蜗牛壳一般的玻璃立方体，然而，要想打开这个立方体的钥匙不在男人手里，而是在他的伴侣手里。只有当女人从外面把门打开的时候，男人才能暂时容许自己面对软弱的自我。

这也可以解释为什么女人和男人吵架的时候，常常会感到郁闷不已的原因所在，正如故事中的维拉和赖尔一样，恰恰是因为环绕在男人身边的透明立方体所造成的压迫。

当男人面对发火的女人，"这个立方体"会把正当的解释当成艰难的辩白，甚至还会对需要交流的女人发出这样的威吓："你最好什么都别说了，我什么都不想听。"正是由于这一点，也就很少有女人愿意提起大锤，将那个玻璃立方体砸碎，从而走向里面的男人。

事实上，男人的玻璃立方体在他们很小的时候就已经开始建造了，可以说，"这个立方体"陪伴着男人度过了他们人生的大部分时光，并且让男人变得越来越坚硬。虽说在某种程度上，它是禁锢男人的牢笼，但是另一方面，它也是保护男人的盔甲。

换句话说，对于女人而言，能做的事情就是把这个玻璃立方体视为男人的一部分，把曾经被藏起来，但其实就在身边的钥匙取出来，打开立方体的门，让里面的男人透透气，不至于窒息。

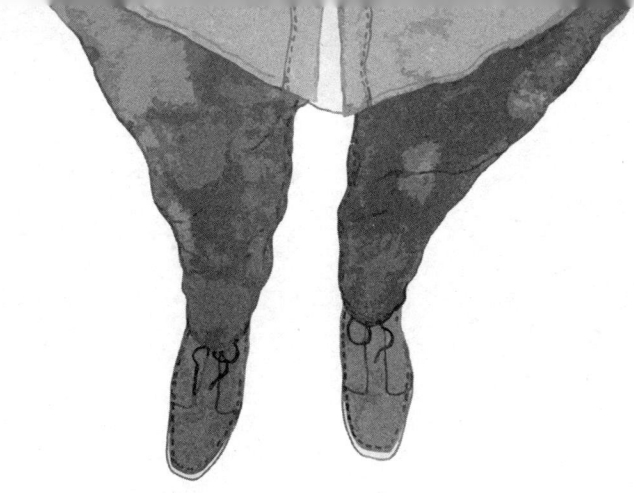

04

寻找真爱的练习

曾经我们以为,坠入爱河、倾心相恋就是最美的结局,一个笑容、一句玩笑就可以俘获一颗心。可是,真正美满的婚姻需要两个人不断改变,爱也需要好好练习,然后,再一次又一次地爱上彼此。

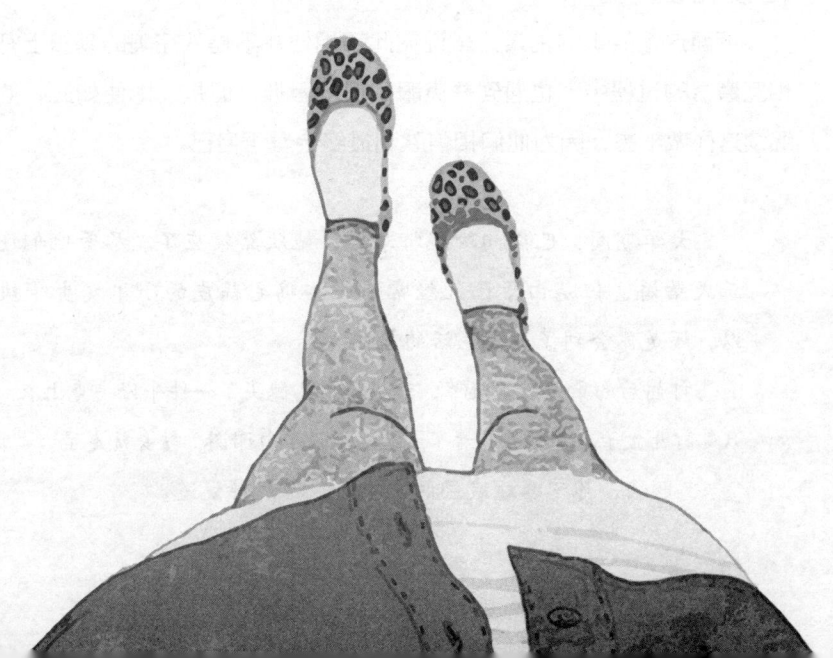

理解和尊重才是真正的爱

牛仔上衣的风波

女人经常这样问:"为什么他不像我爱他那样爱我?"男人经常这样想:"为什么她总是轻易地蔑视我、不顾及我的感受?"那么,怎样改变这一切呢?其实,大多数婚姻都是以失败告终的,原因就在于忽视了双方的天然需求——男人天生需要尊重,女人天生需要爱。如果婚姻关系中的双方忽视了这一点,就会陷入相互抱怨、猜忌、指责、争吵的"疯狂怪圈",而一旦明白并满足了对方的天然需求,就能读懂对方的编码信息,为建立幸福美满的婚姻生活打好基础。

下面这个故事的主人公虽说彼此的相处并不是从完美的基石上开始的,在相互磨合的过程中,也遇到并克服了很多困难,但是,即便如此,他们还是会继续这样做下去,因为他们相信胜利最终会属于自己。

大学期间,巴德向珍妮特求婚,她欣然答应了。尽管他们还没有正式结婚,但是由于已经经常为一些鸡毛蒜皮的小事发生争执,所以,还是体会到了夫妻生活的苦恼。

订婚后的第一个圣诞节,珍妮特为巴德买了一件牛仔夹克上衣。巴德只是打开盒子,拿起上衣看了看,然后说了句谢谢,转身就走了。

"巴德,你不喜欢我买的上衣。"珍妮特说道。

巴德疑惑地看着她，说："我当然喜欢。"

可是，珍妮特很决意地说："不，你不喜欢。我知道，你一点都不兴奋。"

对珍妮特的回答，巴德感到很吃惊，认真地说了一遍："我真的喜欢。"

可是，珍妮特还是表现得非常激动，当即回驳道："不，你根本就不喜欢。如果你喜欢，你会表现得很兴奋、很开心，会说很多很多谢谢我的话。如果在我家，遇到这样的事情，我们会这样说'哇，这正是我想要的'。圣诞节是多么盛大的节日啊，我们应该表达我们的热情。"

以上就是珍妮特与巴德收到礼物时的不同反应。当珍妮特被一件事情感动时，她会反复表达自己的谢意。而巴德却不会说太多的感激之词，只是心不在焉地把上衣扔回盒子。因此，珍妮特才会认为巴德不珍惜她为他所做的，不懂她的用心。可是，巴德对这件事情完全出乎意料，对珍妮特过激的反应也一片惘然。

事后，珍妮特与巴德都没有就这件事情深究下去，可是珍妮特感到很失落，认为感受不到对方的爱，而巴德也觉得感受不到她的尊重。为此，懊恼不已的巴德这样跟朋友说："我知道珍妮特很爱我，但她已开始怀疑我是否像她爱我那样爱她。当她说我对她的礼物没有一点热情时，我感觉她似乎并不真正喜欢原来的我。"

看得出，这两个人都没有把这些想法说出来，而是闷在心里——一个未感受到爱，一个未感受到尊重。后来，巴德与一名牧师合作开办了一家婚姻咨询中心。在这段时间里，他开始从事性别差异研究，才逐渐理解了"上衣风波"的事件。

很多夫妇都不相信对方

或许你也有过类似巴德和珍妮特的经历，在完全理解他们的感受之前，不妨听听下面这位婚姻方面的专家给我们讲的一个例子。

一次，我问前来咨询婚姻问题的妻子："你对丈夫最大的期待是什么？"

然后，我又问她的丈夫，请他猜猜妻子对他最大的期待是什么。

这时，我听到她的丈夫说得最多的答案就是"钱"。

"只要我赚了钱，我家那口子就开心了。"

"一说起老婆，我首先想到的是钱。"

事实上，妻子的答案却和丈夫的猜测相去甚远，她的答案竟然是"对自己的尊重"。

两个人以夫妻的名义生活，如果丈夫不把妻子放在眼里，就会对妻子造成严重的心理伤害，尤其是如果丈夫当着孩子的面呵斥妻子"你懂什么"的话，更会让妻子觉得自己受到了莫大的侮辱。

在上面这个问题和答案中，我们能看出什么呢？夫妻生活在同一个屋檐下，却不了解彼此的心。其实，这无异于"同床异梦"。身体在相同的地方，心里却想着不同的事，因此，他们才不知道对方想要的是什么。更遗憾，并且可悲的是，这样的夫妻双方还不会试图通过对话去了解彼此的心理，当然也就无法做出对方期待的事情，当然，也会因为不了解对方的心思，萌生了怀疑和埋怨。

其实，现实生活中，很多夫妇都不相信对方，下面这个例子就能说明这一点。

"你的丈夫（妻子）和一个女人（男人）从××酒店里出来了。"当周围有人这样说的时候，你该怎么办呢？如果夫妻相互信任的话，应该不会太在意。

一般人可能会说："啊，是吗？可能是跟朋友有什么事吧。"

如果对方还是不肯放弃，执着地替你怀疑，接下来很可能会问："那应该是有事吧？"

这种时候，你该怎么办呢？建议你这样说："我知道了，那我问问我的丈夫（妻子）。"

如果问过之后，你的丈夫或妻子对你说"不是的""没有这种事"，你应该怎么办呢？这里建议你毫不怀疑地相信他们所说的话。

不过，此时此刻，你的心情又会怎样呢？你会完全相信丈夫（妻子）的话吗？或许，多数人对配偶的话根本不会相信，反而相信传话的人。实际上，我们问过当事人之后，应该更尊重当事人的话，然而很多人却急不可耐地做出判断：配偶肯定有了外遇。

在我们身边，有好多这样的夫妻，当初，他们因为相爱而结婚，可是，渐渐地，他们就这样把小小的火花引入了家庭，结果燃起了熊熊烈火。试问，难道这种没有信任、充满怀疑的关系就是爱吗？当你觉得眼前这个女人真漂亮、真可爱，想情不自禁地走过去拥抱和亲吻，这能算是爱情吗？这不是爱，而是暴力。

很显然，这里所说的爱情就像某种暴力，当事人坚信自己是正确的，一点不想着对方，也不努力了解对方的心，在这种心理的作用下，你是不可能会为对方考虑的，夫妻之间的矛盾自然也就由此而发了。

那么，什么才是真正的爱呢？那就是理解和尊重。只有认可对方，站在对方的角度去爱、去理解，这样的感情才能称之为爱。如果夫妻之间存在着这样的爱，无论周围人说出什么猜疑的话，他们都能做到真正的理解，完全相信自己的配偶。

爱是给予,而非索取

有这么一对年轻的恋人,他们在一起总会争论到底谁先对谁好。

女的说:"你得先对我好,我才对你好!你不对我好,就别想我对你好!"

男的也丝毫不服气:"凭什么要我先对你好?"

看看吧,即使是处于热恋中的男女,彼此之间谁也不愿主动为对方多做点什么。女的觉得那样做了,她就降低了自己的身份,成了男人的奴仆;而男的也觉得不该去伺候女的,那样就会贬损他的"大男子"身份。直至结婚以后,这种极端的"男权"与"女权"的战争也从未停息过,反而愈演愈烈。尤其是在家务事中,谁也不能心甘情愿地多做一些,为此,夫妻双方时常争吵不休。

后来的一天,悲剧终于发生了。这个男人和另外一个女人相识并相爱,在这个女人完全奉献的关爱下,男人感悟到了"爱情就是互为奴仆"的深刻道理,并且全身心地对这个女人奉献。然而,他原先的婚姻也早已画上了句号。在此之前,他的妻子竟心甘情愿地放下"女权主义"的自尊,来全心挽回这份婚姻,而这个男人却已是"爱到尽头,覆水难收"。

很显然,这个故事是在告诉女人,爱是不能单向索取的。在爱的面前,更不能斤斤计较,觉得男人给了你多少爱,你才会视情况给他多少"爱"。

其实,要想做个聪明的女人,就应该是个调配爱情的高手,怀着浓烈爱心,但是不求索取地去体贴自己的男人,反而更容易激起他对你更大的回报。

04 寻找真爱的练习

莫里和茉莉亚是大学同学，念书的时候，他们各自的教室就门对门，而且他俩还都坐在第一排。一天，莫里无意间看到坐在对面教室里的茉莉亚，觉得这个姑娘很可爱。在莫里暗恋茉莉亚半年之后，他终于在上大课的时候因为帮茉莉亚占座而搭上了话，之后他们俩便恋爱了。

当时，莫里身边的同学都劝他不要和茉莉亚待在一起，因为大家都知道茉莉亚的听觉有障碍，而且口齿也不是很清楚。但是，莫里并没有觉得这是个问题。

后来，莫里不幸感染了一种传染性极强且难以治愈的疾病。为此，由于照顾卧病在床的莫里，他的妈妈和女友茉莉亚也相继被感染，甚至在病愈之后，还都被查出股骨头坏死。莫里家里遭受了这次打击，他的妈妈和父亲便离了婚，两个孩子和妈妈相依为命。

之后的一年，莫里先是接受股骨头置换手术，然后在床上一躺就是三年。在那段时间，他无法自由活动，甚至整整一年都没有洗过澡，简直可以说是与世隔绝。莫里的妈妈因为担心儿子的病情和将来，得了抑郁症，精神几乎陷入崩溃的边缘。

在一个圣诞节的前几天，茉莉亚和莫里的妈妈去采购年货，莫里一个人躺在家里，这时，换防盗门的工人突然来了，莫里实在没有办法，就在地上爬着去开了门。当茉莉亚和莫里妈妈回来后，看到装好的防盗门，三个人抱头痛哭起来。

这么多年来，茉莉亚也未尝没有想过放弃，但是她记得她和莫里刚在一起的时候，是个很自卑的人。她去医院看耳神经，连医生讲什么她都听不见。还记得当医生问起她有没有家人时，她支支吾吾地说都在外地，赶不过来。后来，医生问她有没有男朋友，她就说有，就打电话给莫里。

于是，莫里赶忙从学校赶到医院。在那之后半年，茉莉亚才知道医生对他说："这个人年纪越大，听力就会越差，也许，当她年老体衰的时候，很可能就彻底听不见了。你要当她的拐杖……"

一想到这里,茱莉亚就哽咽地对莫里说:"现在,你的腿不能动了,该我做你的拐杖了。"

爱是无私的,爱是诚挚的。爱更多的是给予,而不是索取。一位诗人曾经说过:"采摘花瓣的人得不到花的美丽。"花不是不美丽,而是摘花者并不懂爱的真谛。比花儿美丽的是爱,花儿的美丽是大自然天然的给予,爱的花朵是人类用心灵浇灌而成的精灵。还有这样一个故事。

科林是一家公司的高管,是一个非常成功的人。一天,他的妻子出了车祸,不幸成了植物人。为此,科林辞退了工作,日日夜夜陪伴、照顾妻子。科林所在公司的董事长知道这件事情后,对他的这种行为深表不解,特意找他谈话,说可以帮他找最好的保姆替他照顾妻子,而且费用全部由公司出,前提是他必须回公司复职。

科林反倒一口否决了,这位董事长就说:"你的太太现在已经是一个植物人了,什么都不知道,就算你天天照顾她,她也不知道你是谁,保姆和你的照顾是没有分别的。"

但是,科林却说了一句话:"当她不知道我是谁的时候,我就要知道她是谁。"

爱是一种责任,爱是一种奉献,爱更是一门艺术。在婚姻关系中,如果我们不懂这门艺术,就会在爱里迷失方向。很多时候,爱的付出往往体现在一些小事上,费力不大却影响不小,所以,我们要时刻记住真正的爱是给予,而不是索取,这样才会换来更为深挚的爱。相反,如果我们只知道向对方索取爱,那么,爱就会慢慢地变得枯竭。

付出和接受成熟的爱

爱与成熟的关系

爱是世界上被人谈论最多,也是最难弄清楚的课题之一。爱是婚姻幸福、家庭美满的基础,不过,失去或者缺乏爱,都会影响人格的正常发展。

然而,我们身边的大多数人对爱的理解却是非常狭义的,甚至是一厢情愿的,而且从不脱离家庭或性关系的角度,与此同时,这种感情还常常与占有、自私、依赖等混为一谈。

现在,情况又发生了很大的转变。许多心理学家、科学家以及医生开始倾注大量的精力思考和研究"爱"的问题,以及从未探索过的影响人类事务的力量的源泉。据此发现,我们也将不得不修正和扩充关于爱的一些传统观念。

那么,爱与成熟到底有着怎样的关系呢?一位著名的心理学博士在他的一本书中曾这样说道:"能够付出和接受成熟的爱,是衡量一个人是否具有完全人格的标准。"这位博士还断定大多数人都达不到这个标准,一般人对爱的理解既暧昧又幼稚。

比如,一个女人将她的一生都献给了自己的丈夫和子女,以至于与世上的一切都完全隔绝,可以说,这是她的占有欲强于她的爱。要知道,爱的真谛不是局限,而是延伸。再比如,一个对女人崇拜到再也找不出可以与之相比的其他女人的男人,不能算作"有爱心"的男人,这种人是感情发展受到局限,强迫自己停留在婴儿时期,并且保持依赖心态的一个典型,很显然,这也一样不是爱。

这么看来，也许先弄明白什么不是爱，再来理解那种促使人格趋于完善的成熟会相对容易些。首先，爱与电影中出现的男女约会的场面、玫瑰加香槟的浪漫故事，或是作品中描写的关于性剥削的激情完全不是一回事。我们平常挂在嘴边的所谓"我爱"，真实含义大多是"我要""我渴望拥有""我从……获得满足""我利用"，甚至"我深感罪恶"。事实上，这些都是"假爱"。

举例来说，很多父母常常把"爱"当作放纵孩子的借口。实际上，他们的这种做法完全是溺爱，一点也不利于孩子的健康成长，要不然，那些从事问题儿童指导工作的人们也不会这么说："我们每天都要解决一些父母们因将'爱'和'姑息'相混淆而造成伤害的事件。"

其实，成熟的爱的观念一如耶稣所说的"爱邻如爱己"，这也是柏拉图在《对话录》中对爱的阐释——从对一个人的关系开始，扩展到全人类和全宇宙。无论是夫妻之间、亲子之间，还是个人与全人类之间，爱的要素都是不变的。人类之间的珍爱不会阻碍人的成长，反过来，还会肯定人的其他方面的人格，并促进其成长发展。

在我们身边，有不少父母对女儿的婚姻常常愤愤不已，只因为女儿企图嫁到某个遥远的地方。记得一位母亲曾悲叹地跟别人诉说："为什么我的女儿简就不能找一个本地的男孩结婚呢？这样，我们也好经常见到她啊。我们俩为她奋斗了一辈子，她却嫁给了一个把她带到千里之外的地方去的人，她难道就要这么报答我们吗？"

如果你说这位母亲这样做并不是爱自己女儿的话，她一定会表现得非常吃惊。要知道，她已经将占有和满足自我跟爱完全弄混淆了。实际上，爱的真谛不是紧紧地守住自己所爱的人，而是放手任他走到天南海北。

通常，成熟的人是不会占有任何人的感情的，他让所爱的人自由，就如同让自己自由一样。一位有名的作家曾给爱下过这样的定义："爱，就是给你所爱的人他所需要的东西，为了他而不是为了你自己。"

在我们每个人的体内都有一个随意或冷漠的自我，一个怕招致伤害或是误解而宁愿隐藏起来的敏感、封闭的自我，为此，我们会采用各种姿态或伪装来保护它，虽说为此我们会表现得沉默、害羞、进取、坚强，但是内心却又一直

希望有人会帮助我们发觉内在的真正自我,而爱就具有一种特殊的洞察力,可以帮助我们透视人心,能为"她爱他什么"这个永恒的问题提供答案。

此外,想要学会爱,我们还应持有一种态度,那就是关怀我们所爱的人的成长和发展,肯定和鼓励他们个性化的优点,尊重他们的本来姿态,创造自由和温情的气氛。可以说,正是爱,才为他人提供可以在爱中成长的土壤、环境和营养。

不要把嫉妒与爱混为一谈

提到爱,就不得不提忌妒这种感情,它经常被人与爱混为一谈。实际上,忌妒是我们缺乏激发自己情爱能力的结果,是占有、驾驭他人的欲望。然而,用付出来取代这种欲望就能克服忌妒。下面就是一个女人如何克服忌妒,并最终学会爱上别人的例子。

这位女子说:"十年前,我陷入深深的忌妒情绪中。我害怕失去我的丈夫,可是,他并没有给我任何值得我忌妒的理由,如果真是这样的话,我反倒就不会那么痛苦了,因为这样依赖,我就少了那些恐惧和因神经质而为自己想象出来的羞辱感。像所有可笑的妻子那样,我喜欢上了搜丈夫的口袋,检查他汽车烟灰缸里的东西,不仅如此,我还经常整夜整夜地哭泣,白天又再生出一些新的疑心。"

"后来,直到有一天,我照镜子的时候,突然发现自己好像变了一个人,我看见了一个讨厌的人——那就是我,头发蓬乱,满脸憔悴,衣服更像是套在扫帚柄上的一个大袋子。那一刻,我近乎崩溃地对自己喊道'海伦,你怕丈夫离开你,但是这能怪他吗?你应该怎么办呢'。于是,我决心制订计划,改变自己。我开始减少做家务的时间,转而更多地关注自己的外在形象。我找了一份推销化妆品的工作,并且学会了如何利用它。渐渐地,我的外表开始发生变化。奇妙的是,我的感觉也开始好起来,我的态度也变了。丈夫也看出了我的种种变化,做出了相应的反应,并排除了我的怀疑。我就这样利用原来浪费在忌妒上的精力,一点点地使自己成为丈夫希望看到的妻子。"

故事中的这个女人正是因为了解了爱不是强迫，而是需要肯定，所以她才获得了爱的能力。当占有、忌妒越来越多地占据我们内心的时候，我们对他人真实的爱便会逐渐消失。如果一味地任野草滋生而不予以清除，那么，世上最美的花园也会变得荒芜。

家庭关系的一个悲剧，是我们经常不经意地以爱的名义给他人带来了伤害。渴求的父母总会说，"我们那样做是为了孩子好"，宠爱的父母总会说，"我们的做法是为孩子的幸福着想"。

事实上，爱的能力不仅决定着我们与家人的亲密程度而且也决定着我们与他人的关系。我们对朋友、工作以及世界的态度，大多是由我们对家庭付出和接受的那种爱来决定的。

几乎所有的宗教都认为，生活和爱其实是同一个概念。那些只把爱留给家人和亲近朋友的观念是错误的。对我们每个人来说，拥有成熟的爱的观念是非常重要的事。我们越是爱别人，就越容易获得爱的能力。

相信对方的心

只索取不给予的爱

丈夫和妻子因利害关系而结合,又因利害关系而相互接近。如果夫妻双方不知道这个规律,就会常常向对方索取爱情。如果对方不能给予自己想要的足够的爱,另一方就会陷入抱怨和痛苦的折磨中。然而,只有了解这个规律,才能避免这种痛苦。

现在,我们必须知道,男女结合的本质是什么。即使男人和女人因利害关系而结合也没关系。合伙做生意的人,大家都很熟悉,他们无不是因为利害关系而坐在一起,因为谈判双方都很清楚这一点,所以才能互相配合,促成生意。事实上,由于利害关系而走近的人们,从最初就应该承认这种关系,这样才能准确分割利益。要知道,付出多少理应收获多少,自然也就谈不上什么不满。

可是,婚姻关系中,男女什么都没付出,却要盲目索取,显然,这就是夫妻之间的矛盾。或许有人要问了,夫妻是这个世界上最亲密的关系,为什么会发生矛盾呢?这是因为夫妻之间明明就存在着明显的利害关系,只是当事人不愿承认,一味盲目地向对方索取爱,于是,矛盾自然就产生了。

既然不是爱情,也就不能当作爱情来看待,这是永恒不变的真理。所以说,如果我们知道自己和对方是因为利害关系而结合在一起,一旦发现对方因利害关系而接近我的时候,才不会责怪他。因为我们知道,自己也是这样的。

举例来说,老板雇佣员工,并不是为了和员工分享利益,而是为了赚钱。

换句话说,如果老板单凭借个人力量赚钱的话,每个月也许只能赚500万元,但是雇佣员工之后,每个月就能赚到1000万元,甚至更多。付过工资,老板自己还有收益,所以,他才会雇佣职员。这是最基本的原理。

再让我们换个角度想一想,那些到别人的公司打工做事的人,由于种种原因进入别人的公司,或是自己没有资本,或是情况不容许,或是缺少经验。他们不是为了给老板创造更多的利益而来,完全是出于自身原因。

这种情况下,如果我们承认彼此之间的利害关系,那么,对双方都是非常有利的。这里并不是说让双方都放弃自己的利益,而是说如果我们能够承认人的属性本身就是追求自我利益的话,那么即使每个人都只追求自身的利益,也不会发生什么问题。

具体到婚姻关系,即使夫妻双方不是因爱情,而是因利害关系走到一起,也没有关系,照样可以过得很好。事实上,只要认清这个事实,就不会存在任何问题。

可是,现实生活中,总会暴露出矛盾的一面:"我明明是用利害关系看待对方,却总是免不了要求对方用爱来对我。"看看吧,你以利害关系对待对方,却期待对方为你无私奉献。事情自然就会变得很复杂。

认可对方,理解对方

爱情是顺其自然,不能强求的,难道不是这样吗?这里,不想劝各位爱你的配偶。如果说爱就能爱,该有多好,但是,事实不是这样的。只要你下定决心"今天回家后,我要好好爱我的丈夫",难道就能做到吗?不可能吧。所以,这里想奉劝一下各位,先看看你自己吧。不妨扪心自问一下:

"我有自私之心吗?"有。世界上所有人都有自私之心,你的丈夫也一样。

"除了丈夫,我还对别人有兴趣吗?"是的。你的丈夫也可能对其他女人感兴趣。当然,你也可能会说:"我虽然对别的男人有兴趣,但是不会真的做什么。我知道我的丈夫也是一样,虽然关注别的女人,但是他不会胡来。"

请各位这样想,以自己为镜,相信对方的心。虽然你的心里不是只有丈夫,但是是因为你没有机会和别的男人在一起,所以并没有做过出格的事。那么,请你抛开只看自己做没做过这个事实,认真地想一想,如果一旦有机会

了，你会怎么做？恐怕，你很难立刻回答出来吧。如果你能想到这一点，即使丈夫出了问题，你也不会火冒三丈，反而这样想："看来是丈夫运气好，遇到机会了。"

像这样时刻审视自己的内心，猜测对方的心情，即使不用整天把爱挂在嘴边，同样也可以幸福地生活。这时即使嘴上不说爱，也是真正的爱了。所以说，认可对方，理解对方，才是爱。

生活中，经常有一些东西被我们误以为是"爱情"。然而，没有理解的爱，更像是一种暴力。比如，某个男人走到某个女人身边，说喜欢她，然后拥抱啊，亲吻啊，这应该算是性暴力吧？不过，这个男人却很委屈："我有什么罪？我打人了吗？我抢劫了吗？我只是喜欢她而已。"实际上，这个男人只是没有考虑对方的立场，这就是暴力，因为他给对方带去了痛苦。

这种事也常常发生在亲人之间。不考虑对方立场的夫妻之间的爱，不考虑子女立场的父母的爱，都会或多或少地给对方带去痛苦。尽管丈夫或妻子口口声声地说"我这都是为你好"，对方却痛苦得要命；尽管妈妈苦口婆心地说"我都是为了你好"，孩子们却说被妈妈折磨得要死。虽说这些情况并非出于恶意，却还是会给对方带来痛苦。尽管我们没有恶意，却制造了矛盾，导致最后不得不分手。

意图好与不好固然重要，但是，更重要的却是正确认识事实。当你充分理解对方的立场和处境，如实观察自己的心，就会发现虽然我们并非完美的人，却还是可以在这个世界上幸福地生活。

如实看待对方，打破心理错觉

谁都不会被你的想法所左右

婚姻关系中，夫妻双方常常按照自己期待的模样去想象自己的丈夫或妻子，希望丈夫这样，希望妻子那样，希望子女如何如何对我，等等，然而，如果一味地按照自己的想法期待对方，对方就真的会被自己的想法左右吗？

事实上，对方表现出来的样子往往不同于自己的期待。然而，一旦期待粉碎了，矛盾也会随之加深，于是，讨厌对方所做的一切"不管我怎么发牢骚，丈夫还是酒醉晚归""不管我怎么说，孩子还是不爱学习"，等等。总之，你的坏情绪都是因为对方不按自己的想法去做，从而导致你越来越怨恨对方。

如果下次你也遇到类似情况，丈夫晚上十一二点才回家，而且还酩酊大醉，我们的建议是，你只要接受这个事实就可以了，"他十一二点回家""他喝了酒"。反之，如果你总是试图以自己的标准去衡量丈夫的所作所为，只会让一切变得扭曲，越看越讨厌。

喝酒的丈夫，在妻子眼里，无不会觉得可恶，然而在酒店老板的立场来看，却是件开心的事。喝酒这种行为本身无所谓好与不好，只是各自看待事情的角度不同，所以才有了好与坏的区别。所以说，这不是对方的问题，而是你看待对方的角度存在问题。

没有人惹你生气，是你不能如实看待对方

秋天到了，树叶开始飘落。看到树叶飘落，你会有什么样的感觉呢？或

许，绝大多数人会觉得凄凉吧。那么，为什么会感觉凄凉呢？落叶和凄凉有什么关系？树叶是为了让我们感到凄凉才落下来的吗？其实，并非如此。这只是普通的自然现象而已。

我们感觉凄凉，并不是落叶的错。内心的凄凉与落叶无关，也不在于秋天，是一种事实，尽管这样，我们还是习惯把凄凉归咎于落叶和秋天。其实，凄凉和秋天没有任何关系。这只是我们自己的感觉罢了。

同样的道理，当妻子埋怨丈夫，并且气狠狠地说："丈夫喝酒晚归，惹我生气。"其实，这不是事实，丈夫没有惹你生气，任何人都没有惹你生气。那么，事实又是什么呢？看到丈夫喝酒晚归，"我"生气了。听说丈夫出轨的消息，"我"生气了。如果你一心想和丈夫分手，正找不到借口，突然听说丈夫有了外遇，你是开心，还是痛苦？这种情况下，多半会非常开心吧。所以说，并不是丈夫出轨这个行为本身带给你痛苦。

我们经常会这样随心所欲地描绘另一半的形象，甚至还会质问为什么另一半不像我描绘的那样。想想看，我们自己信手画出对方的样子，却责怪对方为什么和我们画的不一样。

所以说，如果一个人不能如实地看待对方，那么，这种心理上的错觉会给自己和对方带来更大的痛苦。

越狂热的爱越危险

抛弃依赖之心

婚姻生活中,如果彼此之间过度关心的话,也会成为痛苦的源泉。要知道,关心也会束缚彼此。某种程度上,我们会说婚后的人应该比单身生活的人更自由才对。想想看,当你还是一个人独自生活的时候,一旦出了门,家里就空了,而结婚的人则可以把家交给对方。

当两个人踏上美好前程的时候,可以互相鼓励。但是,婚姻中的男女却常常互相束缚,并为此郁闷不已。本来是为了过得更幸福而结婚,结果却变得不幸。本来应该可以更自由,结果却受到更多的束缚。其实,这并不是别人的错,而是我们自己造就了这样的结果。

如果一个丈夫对他的妻子爱得越狂热,或者是一个妻子对她的丈夫爱得越狂热那么,结果就会越危险。对于一个狂热地爱着对方的人,如果哪一天,对方突然脱离了自己划定的范围,那么,他就会变得非常愤怒,甚至还会做出非理智的事情,这并不是爱。换句话说,"只要你在这个范围之内,我可以为你做任何事。如果你脱离了这个范围,我会毫不留情地杀死你"。实际上,这样的人有着非常强大的自我。

如果有人对你爱得发狂,那么,你一定要小心了,千万不要误以为"哦,他是如此疯狂地喜欢我"哦,他一定会好好待我。因为对于这种人来说,一旦被爱的人脱离了自己的视野,他们的喜欢就会变了味,傻到可以牺牲自己的一切，残忍到可以不顾一切在那一瞬间，反到让彼此永远都生活在内疚和不能言语的痛苦之中。

为什么会这样呢？要知道，如果一个人喜欢对方，那么，自然就会期待对方喜欢自己，然而，一旦喜欢的人不能满足自己的期待，这种喜欢就会逐渐变成另一种情感，那就是愤怒。

执着来自依赖之心。执着之所以会如此强烈，是因为强烈的依赖之心在作祟。要知道，执着并非爱，只是人们错将它当成爱，如此一来，痛苦和伤心也就在所难免了。好婚姻，靠修行这里的修行就是抛弃这种依赖之习，如果你想要抛弃对丈夫的执着，那就需要改变你的人生观，避免自己的喜怒哀乐受到丈夫一举一动的左右，比如丈夫赚了多少钱、他有多爱我、他喝了多少酒、他什么时候回家，等等。

如果你认为自己的丈夫是个独立的人，那么这种执着就不会转移到子女身上。相反，如果你对这种执着置之不理，掩饰失望的情绪，疏远丈夫，那么这种执着就会膨胀，转移到子女身上，甚至还会给他们增加巨大的负担，当然，还会导致父母和子女之间出现矛盾。

执着会成为痛苦的源泉

这里并不是说丈夫多赚钱、早回家就不好，早回家当然有早回家的好，如果多爱妻子，请妻子吃美食，那就更好了。只是妻子不能对这件事过于执着。如果过分执着这些形式上的东西，只会让人生变得更加不幸，丈夫也会因为受到过多的干涉而感到痛苦，最终导致两个人都不幸福。

人在孤独的时候，如果身边有男朋友或女朋友，有丈夫或妻子，总能成为彼此停靠的港湾。但是，如果过于依赖这种关系，就会成为对方沉重的负担，不但对两个人没有帮助，反而还会束缚了婚姻。

如果妻子就连参加同事聚餐、同学聚会这些社交活动，也要看丈夫脸色的话，那么，迟早有一天会对婚姻生活产生怀疑，甚至让婚姻生活走向末路。换句话说，婚姻生活、职场生活以及社会生活本身并没有成为我们放松身心的障碍，成为障碍的反倒是执着。

人们不是因为结婚或上班而受到束缚，而是因为执着，因为依赖。这种

情况下，我们应该抛弃依赖之心，放弃执着，这样才能自由自在地享受婚姻生活、职场生活和社会生活，才不会觉得痛苦。即便是在发生问题的时候，我们也不要总是怨天尤人，把箭瞄准他人。我们的人生幸福应该由我们自己去寻觅，由我们自己去把握和守护。

精进我们爱的能力

家庭关系的一个悲剧，就是我们总是不经意地以爱为借口给他人带来伤害。父母对孩子的苛求总是说"为了孩子好"，宠溺孩子的父母则说他们做什么都是以孩子的"幸福"为前提。下面这则故事中的玛希太太就是一个典型的例子。

数年前，玛希太太与丈夫离异，从此以后，她不得不担起独自照顾自己和两个孩子的责任。一瞬间，来自各个方面的改变，几乎把她压得喘不过来气，而且在培养孩子这件事情上，她还坚持认为必须对他们严格管教。

玛希太太说："我当时就给孩子们定下规矩，规定他们什么时候必须做什么事，而且我从不听他们的解释，也从来不跟他们商量任何问题，更不愿听他们的意见，总之，对我定下的这些规矩，他们必须服从。"

一段时间后，玛希太太又回忆说："渐渐地，我发现我们的家庭关系似乎发生了一些变化。我的孩子们总是想方设法地躲避我，甚至躲避我对他们表示出的爱。我知道他们这是怕我这个母亲！"

"于是，有一天，我觉得有必要坐下来好好反省一下自己了。这时，我惊讶地发现其实自己这么做并不是为孩子着想，我只是把自己

因离婚产生的压抑情绪发泄到孩子们身上，不经意地让孩子们承担了由于我个人的过错而造成的苦难。

"当我意识到这一点之后，我很清楚地明白自己是该做些什么了，以便尽快解除孩子们身上的这种无形的压力。于是，我努力地尝试从全新的角度来看待我的孩子们。首先，我不再把他们当作是责任或是负担，而是把他们完完整整地作为活生生的人看待。我尽量减少一些做家务的时间，以便腾出更多的时间与孩子们相处，和他们一起玩游戏或是去有趣的地方。慢慢地，我学会了怎样指导他们，而不只是简单地发号施令。

"就这样，我的心情越来越放松了，爱、温情和快乐又重新回到了我和孩子们的身边。我们的关系逐渐恢复，并且在不断地增强着。而且更令人惊喜、欣慰的是，在这样的氛围中，我和孩子们之间的任何问题都变得好处理多了。"

玛希太太学到的不仅仅是爱，还有怎样用爱去疗愈家庭生活的创伤。

爱的能力既决定着我们与家人的亲密关系的深浅程度，也决定了我们与他人的关系。我们对家庭所付出和接受的爱决定着我们对朋友、工作、家庭以及世界的态度。

一位著名的心理学博士曾说过，几乎所有的宗教都认为，生活和爱是同一个概念。现在看来很明显，爱，是人类能够依赖的，指引他们未来发展方向的主要原则。

把爱只留给家人或亲近朋友的观念是不正确的。我们应该敞开心扉去爱别人，因为我们越是爱别人，我们就越容易获得爱的能力，爱是给一切活动散布光辉的重大能源。有爱心的人健康、长寿，他们对工作、生命和同胞也总是充满热情。

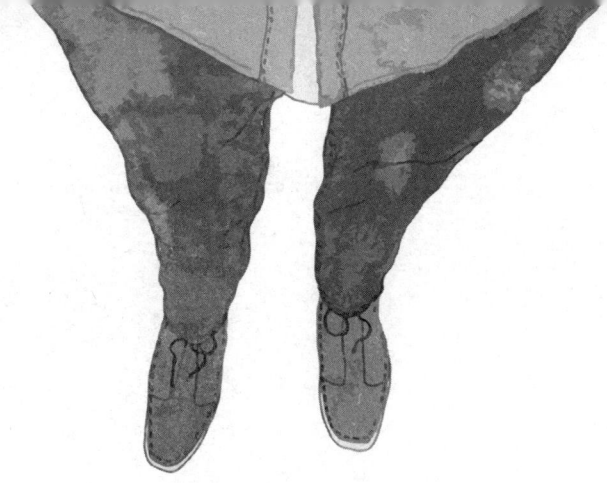

05

有矛盾,是舌战还是沟通

为什么她喋喋不休而他却不知所云?为什么他看重事实而她却关注感受?为什么他们彼此深爱却又矛盾不断?本节即将为你拨开迷雾见明月。

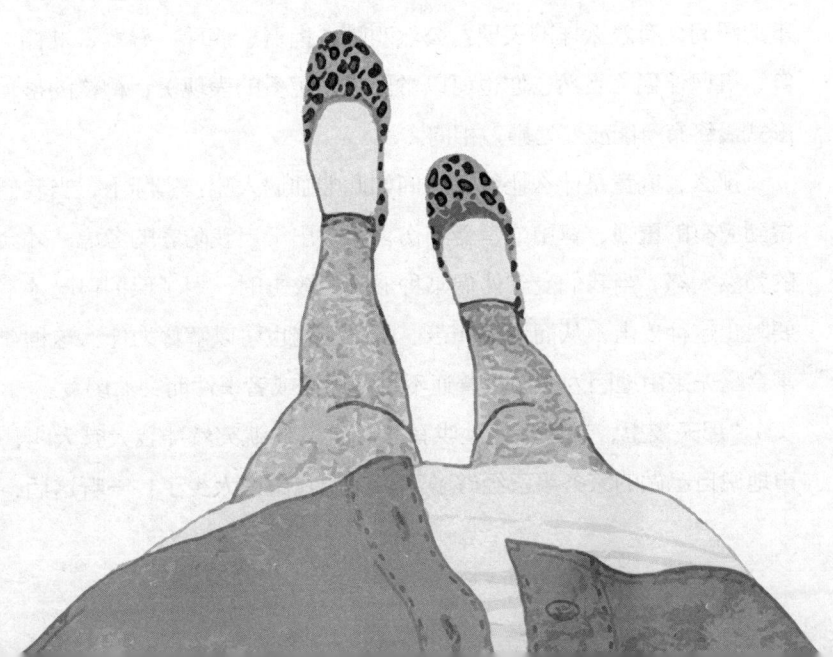

今天,你"吼叫"了吗

现实生活中,即使隔着厚重的安全门,站在走廊里似乎也能感觉到屋子里弥漫着淡淡火药味的"吼叫"事件。对于这里所说的"吼叫",你可能感到大感不解。也许,你从来就没有对伴侣大喊大叫过,也许,在你看来,嗓门大点儿压根就没什么大不了的。

其实,这里所说的"吼叫",更侧重于感情用事。通过总结归纳,通常有下面五种表现形式。

第一种:大吵大闹。

这是夫妻之间感情用事最常见的表现形式之一,回忆一下,你在感情用事的瞬间会有怎么样的表现?公然叫嚷、指责、痛斥、辱骂、批评、污蔑、嘲笑、讥讽伴侣(当然,你也可以举出其他更多的表现),糟糕的是,这种表现形式最终有可能演变为暴力相向。

那么,究竟是什么让彼此之间如此咄咄逼人呢?实际上,当我们觉得没有得到应有的重视、尊重或者受到伤害时,出于自我防守的考虑,才会如此这般的勃然大怒。当我们受到伴侣某种形式的攻击时,为了保护自己才不顾一切想要阻止这种攻击,从而避免痛苦。所以,这也可以解释为什么这种"吼叫"经常会毫无来由地因为一句再普通不过的话语或者事件而突然爆发。

"那天夜里,我只是让他哄孩子睡觉,他就突然冲我大喊大叫,还口口声声地说自己做的家务事已经够多了,还说我做得太少了!一听这话,我顿时失

去了控制,也开始对他进行回击。"这样的场景是不是非常耳熟呢?

其实,我们身边的大多数人都有过类似的经历。然而,很少有人能够意识到,当一个人"失去了控制",实际上失去的并不是"控制",而是一种成熟的心态。殊不知,当我们被焦虑、悲伤或者愤怒困扰的时候,我们丢掉的这种心态正是我们在解决此类问题时最有效的工具。于是,当夫妻双方的其中一方开始失控时,另一方也往往会迅速失控。然而,此时此刻,一味地吼叫、批评、指责,只会让问题变得更加棘手。

第二种:冷战。

这种"吼叫"形式经常发生在大吵大闹之前或者之后,你与你的伴侣先是互相保持距离,直到某件事情让你们的情绪突然爆发,然后又各自缩回到自己的角落中去。随后,在接下来的几天或者几个星期里,你与你的伴侣可能不再互相交谈,甚至连眼神上的接触都觉得是件令人作呕的事情,但却始终清楚一点,那就是对方也在这座房子里。

即使你与你的伴侣会破天荒地开口说话,考虑到再次爆发而受到伤害,于是,双方的交谈仅流于表面,一副公事公办的模样。现实中,有些夫妻为了避免再次与伴侣大吵大闹,还会长期保持这种疏远的状态,并且竭力避免与另一半的任何接触和亲近。

也许这种模式看起来相安无事,但只是表面现象。虽然你与你的伴侣刻意保持彼此之间的距离,然而实际上却精神高度紧张。一方面,你是如此渴望与自己的伴侣建立亲密关系;但是另一方面,你们又是如此担心遭受痛苦。久而久之,这种状况会让人变得难以忍受,最终发展为感情用事的第三种表现形式。

第三种:切断与对方的联系。

在这种情况下,夫妻双方会相互疏远对方,其中一方认为只有完全与伴侣断绝联系才会变成一个完整、健全的个体,才能改善自己的生活。显然,这是人们在与伴侣离婚时所抱有的期望,或者说是他们离婚的目的之一。不过,这种做法往往是一厢情愿,对于问题的解决根本起不到任何作用,因为即便切断与伴侣的联系,也不可能完全将他排斥在自己的人生之外,当然,也不可能得到所期望的感情解脱。

这是因为，首先，这种极端的表现形式不可能完全切断与伴侣的所有联系。即使离婚以后，夫妻之间还会不得不打交道，并且出乎意料地发现他们的生活早已盘根错节地交织在一起。尤其是对那些已经有孩子的夫妻来说更是如此。不过，对于那些还没有孩子的夫妻来说，切断联系也不是一种行之有效的办法。离婚数年以后，你的前夫或是你的前妻仍然会时不时地冒出来，你也会偶尔看到你们从前在一起时的照片或是纪念品，无法否认对方始终存在于自己的记忆中。我们可能切断与伴侣将来的一切联系，但是却无法将他从过去的生活中驱逐出去。

再者，即使你们费尽心思地远离对方，也并不意味着你们的情感纠葛就可以像你期望的那样一刀两断。想当初，你曾不止一次地在心里念叨，"我再也不希望这个人出现在我的生活中"，可是，结果却往往相反，"我再也无法生活下去了，因为我无法摆脱他的影响"。这种方式之所以不能让你如愿以偿，是因为这只是对于自己在婚姻关系中强烈负面情绪的一种下意识的反应，这么看来，无论双方是否还会发生联系，都无助于情感问题的解决。

第四种：一方事事操心，另一方不管不问。

婚姻关系中，我们常会看到这样一种情况：其中一方对于婚姻生活总是过于操劳，可以说是事事关心，比如，在打理家务、管教孩子、走亲访友、相互沟通、增进感情等方面往往超出了自己应当承担的责任；相反，另一方则明显缺乏责任心，总是表现得游手好闲、经常在办公室待到很晚或者借口身体不适不愿意承担责任。通常，这样的夫妻会形成某种惯性，即使感觉糟糕也仍然习以为常、见怪不怪。

不可否认，之所以会出现这种现象，无不是因为当事人对自己焦虑情绪的一种消极反应，因为这种做法不是根据处世原则自觉自愿的选择，而是在焦虑和恐惧压力的影响下产生的下意识反应。

如果承担责任过多的一方感到厌倦了，开始时，会表现得心怀怨恨，接着就是唠叨和抱怨，然后便是消极抵触。最后，还会陆续出现以上几种"吼叫"的表现形式，尤其是切断与伴侣的联系。此外，如果缺乏责任的一方想要承担更多责任，比如，妻子希望参与家庭财务管理，但是丈夫却担心不能再独揽大权，所以会表现得异常紧张。也许妻子只是提出了一个再简单不过的要求，但是丈夫却不得不对此前独断专行的决定承担责任，这种情况下，丈夫的消极反应极易让夫妻之间无法正常沟通，从而极易开始"吼叫"或者互相"吼叫"，诸如，"行啊，你不是想要理财吗？那以后由你来管好了"。

第五种：将第三方卷入双方的冲突中。

夫妻双方为了平息彼此的焦虑情绪，往往会涉及或者注意第三方。比如，夫妻之间发生摩擦时，妻子会打电话给她的母亲或朋友，抱怨丈夫的不是。作为丈夫，你是否经常感到自己夹在针锋相对的母亲和妻子之间，或者一旦她们俩联起手来，让你感到疲于应付？作为妻子，你是否经常因为丈夫不肯指出婆婆的错误而对她耿耿于怀？

将第三方卷入的问题在于，这是夫妻双方对于婚姻关系焦虑情绪的一种消极反应。当你们向他人倾诉或者闭口不谈自己的时候，这种焦虑情绪会暂时得到缓解，然而这种做法只会造成更加严重的问题，因为如果你们没有直面婚姻问题，那就不会得到最渴望建立的亲密联系。

以上就是"吼叫"的五种表现形式。不仅对于婚姻关系来说是这样，对于与其他人的人际交往亦是如此。在此希望，你已经在其中找到了自己的位置，因为这一点对于学会保持冷静尤为关键。如果你已经认清了你进行"吼叫"的形式，那么你就可以接着反问自己：

什么情况下，我最容易开始"吼叫"？

什么情况下或者涉及哪方面的话题，我才会感情用事？

如果我向伴侣"吼叫"了，我的目的是什么？这种方式有效吗？

我是否愿意稍事停顿，采取其他某种更为真实有效的做法？

我们有理由相信，只要你能够认真地回答上述问题，那么，你就能学会冷静下来，不要感情用事，从大吼大叫中解脱出来，从而与伴侣建立起最让你渴望的深入持久的亲密关系。

夫妻为什么会吵架

我们是怎样批评另一半的

结了婚,大大小小的冲突点是无法避免。不过,很多时候夫妻之间的小争吵却对夫妻双方的关系融洽有一定的催化作用,有利于双方对美满、幸福生活的共同追求。然而,在婚姻问题咨询中,夫妻吵架仍然是最常见的一大问题。下面故事中的安德鲁和妻子康妮就是这样一个例子。

"她简直是太不可理喻了!"安德鲁在描述完促使康妮让自己接受治疗的事件后愤怒地说。

"我想知道,你告诉康妮她很不可理喻了吗?"治疗师问安德鲁。

"我当然要告诉她了,必须让她知道。"

"我猜她肯定又该说'你真麻木'之类的话了。"治疗师说道。

安德鲁感觉治疗师似乎在支持自己。"是的。"他回答道,"我想用理性和逻辑说服她,而她却更加无理取闹。"

看样子,安德鲁还想继续说下去,但是治疗师知道那样只会起反作用。于是,他问了安德鲁另外一个问题,事实上,这个问题他已经向上千个跟安德鲁一样坐在那张板凳上抱怨不休的男人提起过。

"请你告诉我,总去尝试一种行不通的方法算是理性吗?"

……

05 有矛盾，是舌战还是沟通

看看吧，对于很多人来说，我们之所以会批评另一半"不理性"或"不可理喻"，往往是因为我们不赞同他们，所以，如果要使某个问题变得合理，很多方面都比理性逻辑更加重要。

安德鲁抱怨康妮不理性，指的是康妮思考问题只用半边脑，确切地说，是专司直觉和感情的右半脑。但是，我们也可以反过来说，在安德鲁气急败坏地抱怨时，也只用了半边脑，那就是专司数理逻辑的左半脑。如此说来，这对夫妻之间的争吵只是一个用半边脑思考的人来批评另外一个人用半边脑思考的人的问题。但是，别忘了，他们都只用了自己擅长的半边脑来思考。

再看安德鲁，他与妻子沟通的时候，总是不厌其烦地做着这样一件事情，那就是阐述事实、论述逻辑或是说服康妮接受他的观点，甚至于，他还在贬低她，然而，实际上，是安德鲁要贬低康妮的观点的决心才一步步让他相信妻子是不可理喻的。然而，忠实于逻辑并不一定要具有攻击性或贬低别人的举动。

如果安德鲁真的是只想说清事实，那么，他就不会随意给康妮贴上标签或是跟她纠缠于没完没了的争吵之中——这种行为实际上是在尝试贬低别人、提高自己。更确切地说，我们之所以会贬低那些我们爱的人，其实只是为了避免我们自己遭受羞耻感或恐惧感。

男女之间思维方式的不同

下面是另外一个关于安德鲁和康妮的例子。

康妮说："这里真冷啊。"

安德鲁则不假思索地说："你怎么会觉得冷呢，都21度了！"

在安德鲁看来，他已经在答复康妮了，然而，事实上他根本没有回答她的问题，他们谈论的只是不同方面而已。安德鲁分析的是房间的温度，而康妮描述的则是自己的感觉。

当我们细细分析安德鲁的回答就会发现，其实他并没有认真听或思考，他也完全没有对感觉和温度进行逻辑性分析，只是针对自己的第一反应，给出一个下意识的回答，然而，他的反应恰恰是在贬低可能会对自己造成威胁的观点（"如果康妮感到冷，那肯定是我的错。我没能使她舒服，使她开心"）。

当然，安德鲁的反应也刺激了康妮，她的第一反应就是"他一点都不在乎

我",于是她陷入深深的焦虑情绪中。他们都感觉对方在贬低自己,但事实上没有人在贬低谁,他们只是尽量避免内心的羞耻和恐惧带来的不适感。当然,当事人的这种自我保护的感觉是无意识的,但他们都对彼此感到很生气。

现在再让我们回头想想房间温度21度这个事实,其实,这与康妮感觉到冷是既不相互支持,也不相互矛盾的,双方当事人只是提供了不同的信息而已。如果夫妻认为某种逻辑性的或情感性的回答优于另外一种回答时,那么,他们就大错特错了。事实上,每种回答都有不同的角度,因此每种回答都很重要。

同许多男性一样,安德鲁也相信女人不如男人理性。然而,至今也没有科学证据可以说明男人和女人到底哪一个更理性。通常,我们往往认为女性在逻辑、情感方面更具优势,也就是说,她们可以同时运用情感和逻辑思维来处理信息,而男性则更擅长利用一种思维,或是运用逻辑思维,或是运用情感思维。

正如我们所见到的那样,女性可以利用的情感信息往往比男性要多,这可能会使人看不清眼前的问题,但是在更多的情况下,它会引入一个看问题的角度,虽说这个角度不会改变事实,但是却会改变其意义。例如,在一场比赛中,女性会更多地利用感情来分析问题,考虑那些落后于自己的人的感受,因此赢得比赛对她们来讲不同于男性,而男性由于更倾向于聚焦事实,所以,才不会关心落后者的心理感受,只会因为自己不是落后者中的一员而开心。如此说来,若是把两者结合起来,那么势必会有令人欣慰的结局。

男女之间思维方式的真正不同,不是男性更少感情用事,也不是女性缺少理性,而是男性总是在尽量忽视他们自己的感情信息,之所以会有这样的表现,是因为他们觉得男人表露感情是件很丢人的事情。要知道,从孩提时代起,男人就总是被灌以这样的思想:"男人"就要有理智,不能感情用事。因此,故事中的安德鲁才会自欺欺人地认为贬低康妮就说明自己很理智了,而他拒绝面对夫妻之间情感交流的做法又使康妮对他们的感情感到很焦虑。

因此,安德鲁与康妮争吵的根本原因是康妮对受剥夺与孤独的恐惧和安德鲁对作为养家者很失败的惧怕,而不是思维方式的不同加剧了他们之间关于房间温度的争吵。

亲爱的，有话好好说

亲爱的，我们还是谨慎些为好

到现在为止，对于上文提到的观点，也许你仍然满腹狐疑，甚至不屑一顾。"是啊，你说的都对，不过，我可说不出你说的那些话或是做出你做的那些事。其次，就算我心平气和了，也离不开我们家那位的配合，所以根本就没门儿。"或许，你还会在心中暗想："虽然我已经这样做了，非但没有产生任何效果，反而让事情变得更糟。"

对于你的这些想法，我们自然非常清楚，也许你是对的，因为我们既不了解你，也不了解你的丈夫或是妻子，对于你们之间发生过的一切，我们更是一无所知。但是我们还是希望你能够耐心地坚持下去，继续把这本书看完。

接下来，你将看到一些情节生动、感人至深的故事，我们会不遗余力地让你了解它们在婚姻生活中的巨大作用。我们先来说一说故事发生的背景。

出于某些原因，苔丝和她的未婚夫博克发现，他们陷入了某种巨大的困境中。为了能够共同在美国生活，他们不得不经历长达一年之久的官方程序。几年前，博克曾被美国驱逐出境，为了重新获得入境许可，他与苔丝缔结了姻缘。接下来，他们必须等待博克老家墨西哥政府处理有关手续，然后再等待他现在所在地澳大利亚美国领事馆的签证约见。在这个过程中，苔丝和博克所能做的只有等待，因为到目

前为止，几乎没有一件事情能够定下来。

在漫长的等待过程中，这对无奈的夫妻只好四处周游，他们选择了一些他们所能想到的花费既少景色又宜人的南亚国度，比如，越南、老挝、柬埔寨、马来西亚等。

对于这对渴望重获新生、四处漂泊的准夫妻来说，有些情况的确令人感到痛苦，旅途疲倦再加上天气炎热，让他们仿佛陷入了无尽的劫难，对于什么时候才能共同在美国生活，心里一点底都没有。

在这次患难与希望共存的旅行中，他们还需要独自面对内心最大的恐惧，那就是对于重新步入婚姻殿堂的担忧。苔丝和博克都曾有过糟糕痛苦的离婚经历，所以他们都不想重蹈覆辙。尽管如此，他们仍然希望能够与对方共同建立那种深刻、贯穿一生的亲密关系。

于是，苔丝和博克做出了相同的决定，打算继续忍一忍。为了消磨困境中的时间，苔丝为他俩制订了一套短途旅行的计划，很显然，这对他们来说是一个最好的选择。不过，这种办法也是一开始奏效，后来就渐渐不起作用了。跟许多解决问题的办法一样，这趟短途旅行不仅没有帮他们摆脱眼前的窘境，而且还给他们带来了更多的问题。

某天，在老挝的一个山区，苔丝和博克进行了一次长达十小时的短途旅行。4个小时以后，博克突然大汗淋漓，头晕恶心，再加上他的幽闭恐怖症（Claustrophobia，又称"幽闭空间恐惧症"，指进入狭小、黑暗空间而产生的恐惧症。译者注）又发作了，一度表现得情绪失控。可是，对于博克的这种表现，苔丝却早已司空见惯。她是这样说的：

"博克这个人即使是在一切顺利的时候，也会突然对那些在他看来举止粗鲁或是干涉他私人生活的人缺乏耐心。虽说这种情况不会经常发生，但是我还是希望它们最好永远都不要发生。当我们周游世界的时候，无论走到哪里，我总能听到他对技术不高的出租车司机、狡猾奸诈的小商小贩、麻木不仁的餐厅招待，还有缺乏教养的家长大发牢骚。有时候，他还会对这些人提高嗓音、指手画脚。对于他的这些

05 有矛盾，是舌战还是沟通

反应，我早就是深恶痛绝了。"

此时此刻，在老挝的长途汽车上，苔丝好像突然换了一个人，连她自己也对自己的愤怒腔调感到吃惊。没多久，她和博克就拌起嘴来。一方面，苔丝觉得他们应该好好利用时间，而博克却早已感到厌烦和疲倦；而另一方面，对于博克的倦怠情绪，苔丝也早就忍无可忍，愤愤地丢给他一句："我就是要好好地利用时间，行了吧？要是你有什么更高明的主意或者方案，拜托你有本事说出来啊！"

就这样，激烈的争吵持续了好几个回合，之后，苔丝和博克又突然出现了一阵"令人如芒在背的死寂"，苔丝事后这样回忆道。他们退回到各自的角落，然后在脑海中不断回想对方说过的那些刺耳的话。

很显然，在这种情况下，苔丝和博克要么是握手言和，要么是一触即发。

然而，就在这个时刻，博克做出了一个出人意料的举动，努力镇定了一下情绪（虽然这不是什么惊人的壮举，但的确让苔丝始料未及）。显然，博克仍然希望与未婚妻和好如初，稍事停顿后，他平心静气、很有节制但又充满渴求地轻轻握住了苔丝的手，说道：

"我们还是谨慎一些为好。"他只说了这样一句话。

看得出，博克在经过认真地考虑与短暂停顿之后，已经变得心平气和了。实际上，他也只需要说这样一句话。因为苔丝听懂了未婚夫这句话中的含义，并且深知他的想法。

是啊，博克和苔丝遭遇了相同的困境，因此才发生了上面不快的一幕。在这次争吵中，除了他们的语气变得令人愤怒以外，他们之间的关系也在经历着生死存亡的考验。博克只是停顿了一下，然后说：

"我们还是谨慎一些为好。"

"你说什么谨慎一些？"苔丝问。

"在接下来的几个小时里，我们与对方讲话时，还是谨慎一些为好。"博克解释道，"有时候，当人们感到疲倦了，往往会开始争吵。所以，我们在说话的时候，还是谨慎一些为好。"

自从发生了这次事情，无论是博克还是苔丝，为了避免自己变得感情用事，都会偶尔采用一下这个方法，心平气和地打断争吵，并且从对方那里获得积极的回应。

谨慎一些，说得没错。正是由于博克心平气和地打断了这次争执，所以，才阻止了双方关系的恶化，当然，也为他们感情的深入发展创造了机会。而且正是由于博克心平气和的态度，苔丝才想要冷静下来，再也不想争吵下去。

让我们想象一下，接下来会发生怎样的事情：博克伸出手臂搂着未婚妻，而苔丝也如释重负地依偎在他的胸口，这是多么巨大的转变啊。而未婚夫这一突如其来的举动，不仅令苔丝深感意外的同时，也停止了彼此之间的争吵。直到这时，她才蓦然发现，眼前这个男人是一个独立的个体，同时也深深明白了一点，越是感情用事，事情越会朝着自己不希望的方向发展。

他的改变源于你

要让你们的婚姻关系产生巨大转变，其实并不需要做出什么惊天动地的壮举，当然，更不应该强迫你的伴侣改变自己的行为。只要其中一方能够做到保持冷静就行了。

看到这里，或许有人会有这样的想法了："我必须不能再感情用事，而要做到稍事停顿，我必须在婚姻生活中有所改变，并且希望伴侣也像我一样。"也许，你还会问："为什么非要从我做起呢？"有两个原因。

其一，是你读了这些内容，是你听了我们的观点。显然，这至少能说明，你希望与你的伴侣建立起贯穿一生的更深刻的关系。对于怎样缔造美满幸福的婚姻，你必定是有兴趣的。因此，为了完成这一目标，你当然责无旁贷。

其二，你应该对自己的一切言行、选择、态度以及情绪负责。要知道，但凡心智健全的个人，无论出于何种理由，都不应该把自己大吼大叫的行为归咎于伴侣，说出类似"如果他不再吵嚷（多称赞我几句，多做一些家务，少花点钱等），我就不会对他大喊大叫（不理不睬，有意疏远等）"这样不负责的话。其实，这种"如果"式的思维方式不但站不住脚，而且还会让你变得更加软弱，因为这无异于把原本属于自己的控制权拱手让给别人，然后却抱怨伴侣

05 有矛盾，是舌战还是沟通

触怒了自己！

显然，在我们的一生当中，尤其是在婚姻生活中，每个人都可能以这样那样的方式做过同样的事情。不过，如果我们首先要自觉地关注自己的行为，如果我们认识到感情用事破坏性的一面，那么我们就会发现一切都将变得有所不同。要知道，在阻止双方关系变得恶化的过程中，每个人都有可能起到重要的作用。然而，我们又都知道，一时的冲动有可能导致自己最不想看到的事情发生。所以说，婚姻生活中，如果哪一方都不愿意保持清醒的头脑并且阻止双方关系的恶性循环，那么，夫妻之间的你争我吵就会像部落之间以及国家之间永远都处于战争状态一样，永远都会无休止地发展下去。

当然，这里所说的头脑冷静并不是要你矫揉造作地强压怒火、息事宁人，恰恰相反，而是要你做到心平气和、乐观豁达。诚然，面对并且承认这些事实是痛苦的。尽管如此，事实还是事实。所以说，如果你在内心深处渴望与伴侣建立亲密关系，那么这一事实必定会为你带来佳音。换句话说，在你的人生中，如果你能扮演一个积极主动的角色，那么，即使你只是了解到自己下意识的情绪反应可能会对婚姻造成的某种影响，这也不失为一个好消息。当然，我们更希望看到的是，你与你的伴侣建立并享受这种人们最为渴望的亲密关系。

夫妻间为何总用"编码"交流

婚姻中的误解之火

一直以来,夫妻之间的交流就是一个备受关注的难题,为什么这么说呢?这要回到一个基于性别、违背我们意愿的现实:那就是夫妻之间进行交流的时候,任何一方向另一方发出的信息都是经过"编码"的,换句话说,就是我说的和你听到的并不一致,你所理解的根本就不是我要表达的意思。下面就让我们看看夫妻之间就最平常的穿衣服的话题是如何交流的。

妻子说:"我没有什么可穿的了。"(确切的意思是,她没有什么新衣服可穿了。)

丈夫说:"我没有什么可穿的了。"(确切的意思是,他没有干净的衣服可穿了。)

当然,这种交流并不能说是严重的冲突,但是从他们的话语——"没什么可穿"中就可以看出:我们总是习惯性地站在自己的角度看待事情,根据自己的需要和感觉处理事情。

就在几天前,班森在电脑前工作,而隔壁房间却开着播放器,声音响极了,听起来似乎是正在播放一个"脱口秀"的节目。这种嘈杂的声音严重影响了班森的注意力,无法集中精神工作。

于是,班森对着爱琳大声喊道:"你听到了吗?"没有回应。

接着，班森又大声吼道："你听到了吗？"仍然没有回应。

最后，班森再次提高嗓门大叫："你在听播放器吗？"

"我一直想听，可是你总是大喊大叫，害得我根本没法听清楚！"爱琳大声回答道。

看看吧，这个不到两分钟的交流差点就演变成一场激烈的争吵，爱琳对班森大喊大叫的语气很是恼火，因为她根本没有听播放器，而是正在忙别的事情。她以为，班森只是想让她听脱口秀节目，或许那里有什么令她感兴趣的东西。

可是，班森却是这么想的，"如果你没有真正听播放器的话，那么，就请你关掉播放器，因为嘈杂的声音已经影响到我的工作了。"看来，班森之所以冲着爱琳大喊大叫是他觉得爱琳根本没有听懂自己的话。

最后，班森在一位从事家庭研究方向的好友的帮助下，才意识到，自己也有错——他没有把事情弄清楚就冲着爱琳大喊大叫，显然是不礼貌的。后来，班森为此向爱琳道了歉。

之所以引用这个小小的事件是想指出，从一定的角度来看，这不仅仅是一件关于关掉播放器，也并非一次小误会那么简单。妻子会苦恼是因为她认为丈夫对自己关心、期待的事情漠不关心，故而觉得丈夫不爱自己，甚至责备丈夫。然而，丈夫也有自己的委屈，他会引用所有丈夫经常说的一句话："无论我怎么做，都不合你的意。"丈夫感觉自己未受到尊重，甚至还觉得自己受到了不公平的指责。

如果夫妻对类似这样的事情一直耿耿于怀的话，诸如此类的小误会很可能会升级成严重的夫妻矛盾。如果这种小误会未被及时解除，长时间积累的话，还有可能会导致夫妻关系长期紧张，甚至是冷战。

当问题根本不是问题的时候

其实，多数情况下，那些看起来似乎是引发争吵、导致夫妻关系紧张的问题根本就不是问题。或许很多人都曾有过这样的经历——和爱人大吵了一顿，然而，当其回过头来想想，却不知道为什么吵架，只看见另一半灰心丧气，自己却一时找不到原因，是什么地方出了毛病？

可是,很多时候,你往往会这样安慰自己:"要是他不那么孩子气就好了。""要是他(她)能改改自己的臭脾气,不那么暴躁就好了。"

当然,你要是站在其中受伤害的一方想想,那就不一样了,你的爱人会因再次触怒你而感到内疚。

如果你感觉不到爱或者感受不到尊重,这并不意味着你的另一半不爱你或是不尊重你。很多时候,我们只考虑到自己的心情,而忽视了对方的感受。一旦你真正领会了这个基本原则,夫妻之间交流的时候所遇到的问题就会迎刃而解了。

温情时刻与艰难争吵

为不同的习惯而苦恼

和所有的家庭都一样,你和你的伴侣也一度被琐事压得喘不过气来。和所有的家庭都一样,你和你的伴侣也一度为彼此改变不了的一些坏习惯而苦恼。正如下面这则故事中贾斯特与南茜,也许他们的问题就是你当下最大的问题。

> 南茜与我在平淡的婚姻中学习成长,在相互了解对方的过程中度过了很多快乐的时光。但是,伴随着相亲相爱,我们之间也有很多的冲突与不快(也许我可以用"争吵"这个词)。每当我们发生争执或冲突之后,两个人都觉得后悔不已,并请求彼此的原谅。
>
> 可是,那又怎样?我们的婚姻又该何去何从?
>
> 毕竟我是一名牧师,还获得了家庭研究方向的博士学位以及传播学的硕士学位,在别人眼里,我应该是个懂得如何经营婚姻的人,怎么能总为自己的一些小错误找借口呢?
>
> 我记得有人曾经这样说过:生活中最大的问题就在于它的日复一日,可是,我与南茜几乎每天都要为彼此改变不了的一些坏习惯而苦恼不已,唇枪舌战一番。
>
> 我有一个坏习惯——沐浴后,总是习惯性地把湿毛巾落在床上,每个月至少有一次,南茜会为此生一次气。当她每次为此批评我的时

候，我都会极力为自己的错误辩解，当然，有些时候，我也会对她发火。不知不觉地，我们的关系开始慢慢变得紧张起来。

不止我这样，结婚后不久，我发现每当我与南茜做祷告时，她总会时不时地发出咳嗽声，好像她的喉咙永远也清不干净。这时，我总是会被她的咳嗽声弄得很不自然。有时候，我也觉得自己实在是无知与幼稚，在向上帝祈祷时，怎么可以为这样一件小事而产生不满与厌烦情绪呢？更何况，咳嗽也是南茜不能控制的。

跟所有的家庭一样，我和南茜也一度被琐事压得喘不过气来。比如，她不是非常喜欢外出旅行、学习、传教，但是为了我们的牧职，她还是勉强为之。当然，我也有令自己难堪的事情，修理那些零零碎碎的破旧家具就是其中之一。其实，我根本就是个不善于修理的家伙，那些零碎家具也从来没有被我修好过，所以每次我都是敷衍了事，而且心里还一个劲地抱怨。

也许，你和你的另一半也有这些"小秘密"，事实上，夫妻之间的相处也并不是从完美的基石上开始的。正如故事中的主人公和他的南茜一样，你和你的另一半在相互磨合的过程中，想必也一定遇到并克服了很多困难（当然，绝大多数人还会继续这样做下去）。

那么，改善婚姻的秘诀又究竟是什么呢？（当然，我们相信这个秘诀同样也适用于其他的家庭）答案就是《圣经》中的奥秘。

《圣经》中的奥秘

故事中的贾斯特曾获得过家庭研究方向的博士学位以及传播学的硕士学位，可以说他受过很多正规的家庭婚姻伦理教育，可是真正让他领悟到婚姻奥秘的却是《圣经》。

据贾斯特回忆说，是《圣经》里的一段经文让他深受启发并感受到了上帝的智慧，也是那次感悟与洞察深刻地解释了他与南茜在婚姻中遇到的所有问题。"我终于明白为什么南茜会被我的言语激怒，就像当年我母亲被父亲的言语激怒一样；我也终于明白为什么南茜有时会说激怒我的话，就像当年我母亲

说出激怒父亲的话一样。"

那么，这个奥秘又是什么呢？实际上，这早已不算是什么奥秘了。这段经文已经存在了两千多年，那就是在《以弗所书》第5章第33节中写道的："你们每人都应当爱妻子，如同爱自己一样；妻子也应当尊重她的丈夫。"

当然，也许这句经文你已经读过很多遍，甚至在很多婚姻主持仪式上都对这句经文进行过讲道。但是，就在我们把这个婚姻奥秘说出来与大家分享时，肯定照样会有人这样问："你说的爱与尊重的关系听起来很不错，可是，它是不是有点太理论化了？它并不能帮我们解决婚姻里的很多实际问题，如，金钱问题、性问题、如何抚养孩子，等等。"

其实，爱与尊重，是一把可以解决婚姻里所有问题的金钥匙，它绝不像大家所认为的那样——仅仅是徒有虚名的理论。事实上，在婚姻中，夫妻对爱与尊重的需求能够清晰地显示出双方的缺点，而这一切将与你所想要的婚姻有着密切联系。

在婚姻生活中，绝对的爱与无条件的尊重具有无限的力量与魅力，它能把你的婚姻从平淡、琐碎、悲痛和怨恨中解救出来，从而让你的婚姻走向成功与绚烂。如果你已经拥有一个很不错的婚姻，它也会让你的婚姻生活更加美好与和谐。

双面胶的"痛苦"

当我们谈到婚姻生活中的"战火"时，纵观人类历史，无论何种社会，无论何种家庭，每对夫妻都必须面对这样的"战火"：那就是"双面胶"的痛苦，一边是老妈，一边是老婆。

值得注意的是，在不同的历史条件、社会经济和文化背景下，虽说这些"战火"的表现大同小异，但是人们处理"战火"的方法却截然不同，尤其是涉及大家庭的"战火"时，表现就更加明显了。在这里，我们想要强调的是，为了与你的伴侣建立良好的亲密关系，你必须走出自己童年时代的家庭关系。

下面，先让我们一起来看看这些"战火"是如何在婚姻生活中爆发的。

比如，你的母亲总是认为她想去你那里随时都能去。虽说你不喜欢她的突然来袭，但是却希望她能够为你照看一下孩子，哪怕只是一两天的时间。此外，虽说在你的心里是这么想的，但是你又格外害怕一旦提出这个问题，就会失去母女之间的亲密关系（让母亲担任孩子的免费临时保姆就更别提了），而你的丈夫却希望你能够做些什么。这种情况下，你就会因为夹在母亲和丈夫中间而感到十分烦恼。你反复问自己："我究竟该怎么做呢？"

再比如，你已经跟随父母从事了多年的家族生意，而凭借这份家产，再加上自己的努力足以让你过上舒舒服服的日子。但是你却不得不为此付出代价，那就是父母希望你能够对他们绝对忠诚，并且经常和他们待在一起。对于这些压力，虽说你和你的妻子都感到十分不快，但是你们俩都不想得罪养育自己的父母。因此，在你的心中充满了矛盾，从感激到怨恨，从忠诚到愤怒。你搞不清楚到底下一步该怎么做。

最后，让我们再举一个例子。你的童年生活非常痛苦，很早就离开父母搬了出去，开始独立生活。当然，偶尔你还是会和父母联系一下，甚至还会送给他们节日礼物，彼此之间说说客套话。有一次，你接到了他们一个令你不快的电话，这让你立即联想起你曾经遭受过的虐待和压抑，所以你再次毅然决然地断绝了与他们的一切联系。然而，事情并没有这么简单，你现在已经有了孩子。你的父母非常想参与到孩子们的生活中来，而你的妻子也支持这件事。现在你该如何是好呢？

在上述这些场景中，你有没有找到共同之处？很显然，即使是最健康的婚姻也不得不承受来自大家庭的巨大压力。不过，这只是问题的一个方面，因为大家庭的"战火"同样可以让糟糕的婚姻状况得到改善，而这恰恰取决于每个人不同的处理方式。

为了让自己能够在有关亲戚的"战火"中不断成熟，首先，你必须走出自己的家庭，与你的伴侣建立亲密关系；其次，你必须与对方的父母建立直接关系。也许，在你看来，完成这些任务实在是太困难了。不过，不用担心，因为你很快就会发现这两条原则是相辅相成的。

或许，你还可能不明白这一点，但是我们有理由向你保证，只有走出童年时的家庭并且远离对父母的依赖，你才能够不断成长，并且与伴侣建立更加亲密的关系。没错，是这样的，这两者之间存在着必然的因果联系。

其实，为了能够让你在婚姻中变成一个真正的成人，你必须离开父母的这个观点早在几个世纪之前，甚至几千年前就存在了。大约在3000年前，就有希伯来作家在关于人类起源的故事中讲到了亚当和夏娃，也就是男人和女人的代表。从中我们便可获得一些关于人类的普遍真理。换句话说，只有走出并超越童年时期与父母的关系，才能造就一对幸福美满的夫妻。

正如故事中所说，男人是由灰尘做成的，而且在女人之前很早就出现了。上帝看到男人很寂寞，于是在他入睡的时候从他的身上抽出一根肋骨，创造了女人。当男人发现了自己的新伴侣，对上帝的创造感到非常惊奇。然后，亚当大声说道："终于有一个像我一样的血肉之躯了！"作者在描绘了亚当的欢欣之后，还发人深省地写道："正因为如此，每个男人都必须离开父母，与妻子合为一体。"

为什么这么说呢？按照故事里的说法，由于男人和女人是被上帝创造而结为夫妻的，所以到了一定时候，他们的关系就要超越与父母的关系。由此看来，早在几千年前，人们就已经懂得：只有走出并超越童年时期与父母的关系，才能造就一对幸福美满的夫妻。

很显然，这里所说的"走出"并不是说"离开"，而是要放弃自己不成熟的借口以及对父母的依赖，以此让自己不断地成长。为什么要提到"放弃借口"呢？因为对于一个成年人而言，就要依靠自己的努力克服童年时期不可避免的痛苦以及难以克服的缺点，当然，这其中也包括你在孩提时代遭受过的所有痛苦以及青少年时期受到的所有伤害，甚至还包括你曾经受到的可怕虐待。如此说来，如果你没有放弃这些不成熟的借口，那么你就不能成为一个真正的成人，而这恰恰是造就美满婚姻最起码的要求。

也许，这些话对你而言，听上去不仅刺耳而且过于坦率，因为你曾经经历了极其痛苦的童年，而且现在也仍然在试图逃避，但是，如果你真的希望改善自己的婚姻甚至是人生，真的渴望与伴侣建立亲密关系，你仍然可以做到。

婚床上应当只有你们两个人

是什么妨碍我们建立深入持久的婚姻关系

看到这里，或许有人可能会想："好吧，我也知道应该抛弃这些借口，但是难道我真的必须离开自己的父母吗？"

让我们再稍加一下解释：为了能够避免上文提到的种种痛苦，我们学会了不少应对方法，比如，让自己的父母、兄弟姐妹和祖父祖母帮忙，向有过同样经历的朋友一吐为快等看似积极的做法；再比如，逃之夭夭，以牙还牙，甚至是酗酒吸毒等暂时缓解情绪的幼稚做法。

然而，如果我们始终不能走出童年时期的家庭联系，那么，我们终究难以成长为一个健康的成年人。因为同样的处理方式，在我们的孩提时代也许是行之有效的，但是对于成人来说，很可能却是毁灭性的，尤其是在婚姻生活中，这些做法包括面露不悦、自我保护、跑回父母家，或者甩掉男（女）朋友再找一个等等。

在婚姻生活中，我们最常犯的错误就是从来没有学会依靠自己。与之相反，我们总是过分依赖父母，要么动不动就给他们打电话寻求帮助，要么不动脑筋地就把他们的看法当成判断自己妻子或是丈夫的参照标准。然而，在这个过程中，我们却始终没有学会如何依靠自己和自己的婚姻。如果我们总是紧紧抱住童年时期的家庭关系不放，那么，这种做法虽不至于阻止我们长大成人，但是无疑会妨碍我们与伴侣建立深入持久的婚姻关系。

不管你喜不喜欢，我们都是从父母那里学到关于夫妻关系的知识的，这一点是毋庸置疑的。从我们踏入婚姻殿堂的那刻起，我们就把学到的所有内容都带入了自己的婚姻之中。对我们来说，这种印迹是非常明显的，然而，就在我们低估它所带来的影响时，往往却要遭遇巨大的麻烦。

事实上，无论你是来自充满关爱的家庭，还是来自支离破碎的家庭，你必须反反复复地平息这场特殊的"战火"，否则它很有可能让你们的夫妻关系毁于一旦。这是因为你总是试图把你们的关系套进一个现存的但是却并不适合的模式中，更可怕的是，这个模式根本就不该在你们的婚姻生活中存在。这样一来，无论你是想从过去得到慰藉，还是想逃避过去，你的所作所为都会妨碍你与你的伴侣尽情分享那些独一无二的东西。

婚床上居然躺着六个人

下面这个故事中有一个很有意思的场景，就非常生动地说明了这一点。

本和凯蒂是一对已经结婚15年的夫妻，大多数情况下，他们相处得都很好。但是最近几年，他们都感觉到自己的婚姻陷入了严重的婚姻危机，于是决定向一名婚姻治疗专家求助。经过一段时间的了解，这名咨询师提醒这对夫妻，当彼此之间进行交流的时候，一定要小心谨慎，因为咨询师知道他们总是不知不觉地把父母的观念带进争吵中来。

刚开始的时候，对于这名咨询师的话，本和凯蒂都置之不理。虽然关系也会有紧张的时候，但是当他们一起在床上的时候却是最甜蜜浪漫的时刻。不知为什么，本无意中说了一句话，却被凯蒂误解了。

然而，就在凯蒂反驳本时，在凯蒂那边的床上，我们可以看到不只有她自己。就像婚姻专家所说的一样，她的父母也和她站在了一起，并且正对刚刚发生在她与本之间的事评头论足。而本也开始为自己刚才说过的话辩解，同样他的父母也站在了他的身边。很显然，此时此刻，在这张婚床上不再是两个人，而是六个人！事实上，当本和凯蒂在听对方说话的时候，早已不由自主地按照各自的家庭观念进行过滤了。

不管你承认与否，也不管是好是坏，我们的父母总是在某种程度上塑造了我们在性别角色、职业道德、财务管理以及养儿育女等方面的观念，而我们自己又总是带着各自家庭的观念步入婚姻。

现实生活中，大多数夫妻经常会为某个重要问题而你争我吵，却从未意识到各自的家庭背景和个人经验对他们的观点产生了巨大的影响，这种情况下，涉及双方亲属的"战火"就会变得错综复杂而又具有极其微妙的力量。在它的作用下，我们增加新的家庭成员，带来成堆成堆的行李，组成全新的家庭，并让双方做出的任何决定产生一系列的连锁反应。

很显然，上述问题是极其复杂的，然而，走出自己的童年并且不断走向成熟的过程往往需要一生的时间。对于这个问题，虽说没有一个确定的解决办法，但是在一系列连锁反应中的每个人都会经过几个重大的感情阶段。这几个阶段是一段复杂的感情历程，也不以个人意志为转移。然而，如果我们能够了解这几个阶段，将有助于我们认清自己的成长过程。这几个阶段分别是：

1. 幻想破灭阶段。

从某种意义上说，为了能够从成人的角度了解父母，你必须尽早意识到这样一个严酷的现实，其实你的父母并不完美。虽然你会把他们想象得尽善尽美，但是事实并非如此。如果你能够认识到这一点，你就会把他们看成普通人，从而以平等的身份去面对他们。但是，如果你总是觉得父母高高在上，那么你就不可能做到这一点。

2. 意识觉醒阶段。

经过一段时间的反思，你会对父母为你做了哪些事、没有做哪些事以及现在不能为你做什么事分别进行估价。这并不是说你需要将你的失败归咎于他们，与之相反，这可以让你开始为自己的人生负责。

3. 自我反思阶段。

对于多数人而言，会顺利完成迈向成人期的前两个阶段，但是，却很少有人会继续进行到这个阶段——最富挑战，也是最重要的环节。你不仅需要承认你对父母的所有不满之情，而且还需要找出你在哪些方面仍然过于依赖他们。事实上，这并不是你所希望建立的关系，反而在很多方面阻碍了你的成长。

4. 自我表达阶段。

在这一阶段，你必须对你过去的一切深入剖析。实际上，在你发现一些有用的东西之前，并不需要太长时间。当你与父母在一起的时候，你需要让自己的举动像个成人一样，并且改变你们之间现有的令你感到不满的关系模式，这一点至关重要。对于很多人来说，要想迈出这一步是非常艰难的。但是，如果你能够做到这一步，那么你不仅会获得自尊，而且还会赢得伴侣以及父母的尊重。

5. 宽恕和解阶段。

在这个阶段，你不仅要让你的父母摆脱失败的阴影，而且还要让他们意识到他们已经尽力了。在此过程中，你要尽力与他们达成和解，并且构建一种不同于以往，而且是更坚强有力的成人之间的关系。如果你仍然无法与他们达成和解，你可以抛开怨恨，选择宽恕。

看到这里，想必很多人仍会觉得有关亲属引起的"战火"的观点，虽然说起来容易但做起来很难，也许你的想法是正确的。的确，要做一个"成人"不仅是一件困难的事情，而且还会让人感到心烦意乱。然而，对于健康幸福的婚姻来说，这一点却至关重要。实际上，当你能够按照成人的方式处理问题，与你的家庭成员做到彼此尊重，互相留下足够的空间，并且互相宽恕时，你才能够与你的伴侣建立起梦寐以求的亲密关系。

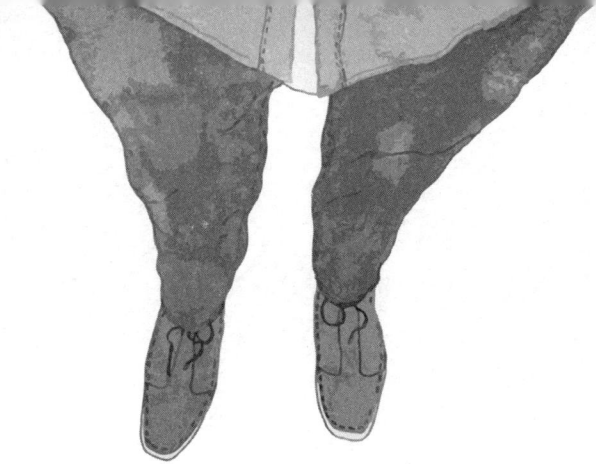

06

婚姻背后的孤单

每对步入婚姻殿堂的夫妻都渴望幸福美满、长相厮守。但是,婚姻却是一场华丽的冒险,新鲜感的缺失、生活的乏味以及来自方方面面的压力都会让婚姻的色彩逐渐暗淡下来。面对婚姻背后的孤单,我们需要学会用美的眼睛去寻找依偎的美好,发现共同牵手的真谛。

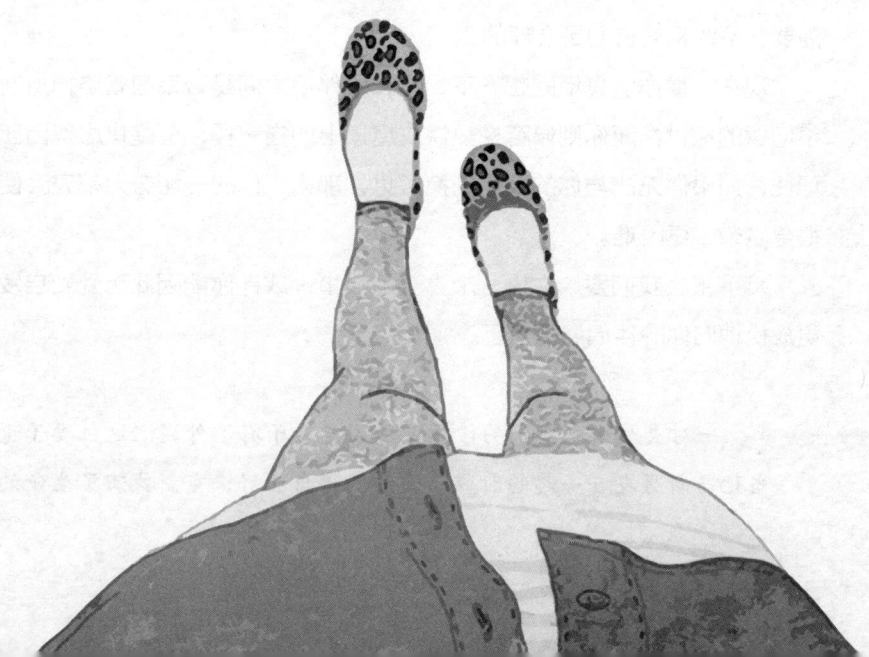

"称职丈夫"和"完美妻子"的真相

"称职丈夫"和"完美妻子"的真相

你需要给自己更多的时间？你渴望一场奇遇的冒险？性生活已经不再令你感到满足？你想去做一些到现在为止还从未尝试过的事？可是，即便想了这么多，你依然一动不动地保持着沉默，并在心里翻来覆去地想："我不能这么做，因为我得保护我的伴侣。如果我这么做了，他一定会觉得很受伤，他一定会无法承受。"

其实，你要保护的不是你的伴侣，而是你自己。你是如此害怕争论，如此害怕与你的伴侣一起面对你的需求，甚至于，你是如此害怕正视自己的感觉和需要，不敢相信它们是合理的。

现在，请你认真地回想一下，你和你伴侣之间是否早已省略掉所有针对棘手问题的探讨？而你则像蹲在热铁皮屋顶上的猫一样，总是焦虑得团团转？请记住，如果你无法与你的伴侣交换意见，那么，你的一切努力都只会使问题变得更复杂、更困难。

接下来，我们要给你讲一个真实的故事，或许你能因此而受到启发，从而更放松地向你的伴侣展示自己。

一对夫妇来到我们的诊所，原因是妻子有了外遇。这位妻子说，当她与新男友在一起的时候，就会觉得自己好像重新找回了生命的活

力，一切都变得更加激动人心。她的这位新男友是个热衷各种冒险活动、以疯狂著称的飙车俱乐部成员。几乎每逢周末，他都会去飙车。我们注意到当这位妻子心醉神迷地描述这一切的时候，做丈夫的只是呆呆地盯视着地面，目光空洞而乏味。

这就是我们谈话之初时两个人的状况：一对结婚将近20年的夫妻，可是现如今，他们对彼此早已感到心灰意冷，心墙高筑，彼此疏远，离婚似乎成了不可避免的结局。但是，即便如此，他们却不得不继续维持着日常生活的表象，尽各自作为父母的责任。

然而，随着谈话地进一步深入，我们见证了一段拨云见日的沟通过程，在这两人之间的误解竟然难以置信地被一层层地得到澄清。

原来那个至始自终听天由命的丈夫虽然沉默不语，心门紧闭，可是，想当年他却也是个热衷于飙车的冒险家。可是，当他们的三个孩子纷纷来到这个世界之后，昔日充满活力的妻子不知不觉地变得小心谨慎起来，终于有一天，出于家庭安全和保障的考虑，在妻子的要求下，丈夫牺牲了自己的危险嗜好。而这位妻子为了做一个完美的母亲，也将自己对生活的所有梦想都埋葬了。这位丈夫为了照顾家庭，尽量避免外出，因此他的职业生涯一直都被限制在比较中游的位置上。

但是，面对这种缓慢发展，甚至于是近乎僵死的局势，这对夫妻竟然从来没有试图沟通过彼此的感受，直到妻子的外遇被曝光的那一天。此时，在他们的生活中，仿佛引爆了一颗定时炸弹，一切被炸得四分五裂。于是，他们来到了诊所，坐在了我们的面前。

一开始，这两个人都是小心翼翼地去尝试重新与对方沟通，就这么多年来一直谨慎回避的话题进行交流。随后，在接下来的谈话进行中，竟然出现了一些令人惊奇的事情。比如，这位妻子渐渐开始意识到，其实她自己一直都在寻找一个爱人，一个如同她的丈夫从前那样生活的人，但是作为丈夫的他，却早已因为对家庭的责任和妻子的恐惧而放弃了冒险生活。

事情发展也再次证明了这一点，很长时间以来，这位丈夫的职业发展一直处于停滞不前的状态，而现在似乎出现了新的曙光。那么，对于究竟是什么原因使自己在工作上无法打开局面呢？对此，丈夫给予了这样的回答："要想实现一个真正的飞跃，我就必须到国外去工作。可是考虑到家庭的种种因素，我无法选择离开。"

听到这番话，妻子"噌"地一下，从沙发上跳了起来，急切地对丈夫说："你还记得吗，20年以前，我就对你说过，我会跟你到天涯海角。为什么你根本就没有跟我讲过这些话呢？"

"可是，那都是从前的事了，都过去那么久了。"丈夫满心疑惑地说。

"你知道吗？这么多年以来，我一直都期待着，希望你会问问我，我们的生活里能有什么激动人心的事情发生。即便到了今天，我也还是会像以前一样，跟你到天涯海角去。"当这些话从妻子嘴里脱口而出时，简直如同决堤之后的洪水一般。

后来，夫妻俩一同回家去了。直到这时他们才发现，在过去的20年里，他们始终在试图保护对方，为对方放弃了自己的愿望和理想。

请重新开始为你自己而活

看到这里，也许你早已感同身受，觉得自己和故事中的人物一样，正在遭遇不公平的对待，或是伴侣正在离你远去。其实，我们想说的是，在伴侣关系中并不存在对与不对的问题。通常，作为伴侣的两个人总会有不一样的行为方式，差异之大有时甚至可以令人痛苦万分。

尽管如此，我们还是要不厌其烦地对你说："只有一个人能够为你的幸福负责任，那就是你自己！"或许，听到这句话，你的内心会竭力反对这个观点。如果可能的话，你是不是更愿意让你的伴侣来为你的幸福买单？对此，我们只有一句话要送给你："只有当你深刻意识到对自己负责的重要性时，你才能彻底走出软弱和依赖的金色牢笼，从而飞向属于你自己的幸福蓝天。"

让我们不妨做这样几个残酷的假设（当然，这样的事情也未尝不曾发生

06 婚姻背后的孤单

过)。如果你和你的伴侣总是充满了激烈的争执,甚至不断分崩离析,那么你需要做的并不是在他身上找过错,而是需要将目光完全转回到你自己身上。需要改变的一定不是你的伴侣,而是你自己的生活。当然,这不是说,你自己才是制造婚姻不幸的罪魁祸首,请注意,我们这里要讨论的并不是谁有罪的问题,而是在迫切解决一个问题,你首先应该学会感受自己的真实需要,然后再认真地去对待它。问题的关键不是证明谁更正确,而是找到解决问题的办法,这才是要害。当然,除此之外,你也一定要学会做出决定,并将你的选择付诸行动。要知道,忍耐只会导致不满与怨恨。

所以,为了你的爱,为了你的终生幸福,从现在开始,请为自己着想,请依靠自己的力量去生活!在这条发展自我的路上,你终会发现获得真爱的核心原则,那就是只有当你肯定了自己的价值,并且有能力满足自己的一切需要时,才有资格去接受另一个人的爱。就像故事中的婚姻专家曾经对这对夫妻所说的那样,现在我们也要对你说:请重新开始为你自己而活吧!或许这正是你的伴侣生活和幸福婚姻所缺乏的。

当他的工作变成她的生活

先来看这样一个故事

每年的3月中旬,麦克便开始训练他的足球队,以应对接下来的秋季赛事。上半学年,他利用空闲时间训练球队、观摩球赛录像,还为明星球员补习功课。赛季过后,他还利用课余时间观看其他学校的比赛活动,希望能从中发现具有潜力的球员,以便为下一学年的比赛做准备。只有到了暑假,麦克才有喘息的机会。可是,最多过两周,新的赛事又要开始了。

由于麦克的努力,使得他所在的球队战果辉煌,学校还特意聘用他为长期教练,这意味着将来许多年麦克会有一个稳定的可观的收入。

妻子若拉则在家教养子女,并且还极力支持丈夫夺冠的目标。每天早上,她会准备热气腾腾的早餐,而麦克狼吞虎咽后,便冲向学校。之后,若拉会花时间精心选购麦克喜欢吃的食物作为晚餐。可是,由于训练的时间总比计划的长,所以,麦克常常无法准时回家用餐。当麦克回到家时,若拉为了让他充分休息,享受一下宁静和安逸,总是严加管束孩子的行为举止,当麦克的工作进展顺利时,家中大小事务都是她自己拿主意。

此外,若拉还会坚持把麦克的衣服洗得干干净净,再熨烫得整整齐齐。每当麦克谈到他与队员的冲突和摩擦时，她总是耐心聆听，并帮助他学会如何与那些桀骜不驯的孩子相处。麦克的每一场比赛，若拉都会到场观看，为他助阵加油。实际上，这也是他们夫妇一起外出的唯一机会。

如你所料，麦克和若拉之间的问题终于爆发出来了。在这样的婚姻关系中，若拉逐渐迷失了自我，对自己的需要不再敏感，与此同时，不断地开始埋怨麦克的自私和冷漠。的确，麦克实在是太过专注个人的赢球目标，以致从一开始他就从未察觉到问题的存在，没有意识到自己忽略了若拉的需要。当他发现两个人的关系不对劲时，又难以理解为何会这样。

乍看起来，似乎麦克是"罪魁祸首"。当然，这也有若拉的责任。每当麦克进入新赛季的繁忙工作时，若拉总是尽量地关爱和接纳他。然而，当若拉发现麦克对她的付出毫不在意或不欣赏时，便开始心生不满，抱怨麦克没有尽到做丈夫的责任。这种情况下，麦克有时会安慰她别担心，有时也会答应为她和家庭做些事情，但是，麦克过后还是会忘得一干二净。渐渐地，若拉感觉自己受到了冷落。

起初，她采取一种更加理解他、关爱他的方式来赢得丈夫的注意，但是麦克依然无动于衷，因为男人天性不会注意与目标无关的事物。可是，再后来，若拉实在忍受不了了。她气冲冲地告诉麦克，自己完全感受不到他的爱。面对妻子的指责，麦克则是竭力为自己辩护，指出这些年来他是多么辛苦地赚钱养家。如果若拉再次紧逼，他还会完全否定她的感受，说她反应过度，简直是无理取闹。看来是若拉从来没有对麦克谈起过自己的需要，她以为自己已经表达得很清楚了。然而，遗憾的是，麦克根本不懂她的表达方式。

事实上，这是夫妻双方按照各自的思维方式做事的结果。麦克不了解问题的起因，而若拉却不知道自己处理问题的方式只会使问题变得越来越糟。

用爱的态度表达负面情绪

其实若拉并不理解，当她强迫自己努力关爱、接受和支持麦克的时候，实质上，她已经压抑了内心的负面情绪，然而，当愤恨、沮丧、悲伤、失望、担忧和害怕这些情绪不断地积压在心里时，最终只会以抗拒的态度倾倒出来，正如她对麦克

所说的:"我为你付出了那么多,你却从不回报。我爱你,但你并不爱我。"

从来没有人教过若拉如何以爱的态度表达自己的负面情绪,所以她只会在两种极端之间摆动:或是压抑自己的负面情绪,继续强迫自己关爱他人;或是充满怨恨,任意发泄心中的不满,变得毫无爱心。实际上,这两种方式都不管用。如果若拉强迫自己关爱他、接受他,是不会起作用的,因为麦克会认为一切正常,仍旧继续埋头工作。如果若拉对麦克采取毫无爱心、愤恨、不接受、不欣赏、不信任的态度,他就很难接受她激烈的言辞。

事实上,如果若拉期待麦克对她的需要和问题有所回应,她就必须让他明白她内心的真实感受。首先一点就是要学会及时表达自己的负面情绪,不让它们郁积在心中,而对于麦克而言,则要学会倾听她的感受。如果口头沟通不起效,不妨用书信的方式来表达自己的心声。事实证明,学会用爱的态度表达消极情绪的最好方法就是把自己的感受写出来,再认真念给伴侣听。如果这种方法也不奏效,还可以尝试寻求专业心理咨询师的帮助。

若拉如何改变

在这个案例中,如果若拉不懂得负起表达个人情绪、愿望和需要的责任,她将继续感受不到伴侣的爱。不过,有一点我们应该知道,那就是女人天生就具有一种发散式认知模式,正是这种天性使得她们生来就懂得关注所爱之人的需要。可是,若拉始终不明白,如果麦克爱她,那他怎么可能忽略她的需要呢?在若拉的经验中,爱一个人就是要全身心地投入,满足对方的一切需要。当麦克对若拉表现出漠不关心的时候,便误认为他不爱她了。

当若拉感受不到麦克的爱时,她先是压抑自己的感受、渴望和需要,与此同时,还努力让自己看起来更可爱,而不是把它们表达出来。若拉之所以压抑自己的负面情绪,努力给予丈夫更多,为的就是能够赢得他的回报。给予并没有错,但若拉的问题是不懂得接受爱。在得不到回报的情况下,她付出的爱越多,越难以接受他人的好意。

对于若拉来说,她自认为坚强、独立、不需要倚赖他人。但是,当她变得越来越难以接受他人的好意时,麦克反倒对她越来越不感兴趣了。当若拉不断付出却很少接受时,她渐渐变得强悍起来,甚至丧失掉原先吸引麦克的女性所特有的温柔特质。当她一再压抑自己的负面情绪，实际上是阻隔了内在体验爱、喜悦、感激和信任的能力。至于麦克，他的注意力全部都在工作上，甚至都没有意识到她的变化。

应当注意的警兆

在婚姻关系中，绝大多数夫妻或多或少地曾经历过以上这种感受。下面几条警兆，能在一定程度上帮助你意识到夫妻关系出现了问题：

1. 你的伴侣经常忘记曾经答应过你的事情。
2. 你不愿意开口向对方求助。
3. 伴侣为你做了很多事，你仍然觉得不够。
4. 你不能坦然表达自己的沮丧，你还刻意隐藏这种情绪。
5. 你时常因小事大发雷霆，却故意避开真正的问题。
6. 伴侣似乎不再对你表示热情，而你也并不在乎。
7. 你觉得自己比另一半付出的多，经常感到不满。
8. 你认为如果伴侣能有所改变，你会快乐得多。
9. 你常常感到内疚或不开心。

这些都是很正常的现象，特别是当你不懂得男女之间的差异时。但是，为了克服以上各种心理症状，女人们不妨尝试以下几种建议：

1. 接受伴侣和你的思维是截然不同的这个事实，并学会适时求助。
2. 当你烦恼时，不妨表达出来，但尽量保持接纳、信任和欣赏的态度。
3. 当你向另一半倾诉时，应设法让他了解你无意责备他，并告诉他，他的倾听对你很有帮助，你很感激他这么做。
4. 当你感到愤恨时，不妨找个女性朋友谈谈，然后，再以体谅的态度向伴侣诉说你的感受。
5. 学会向对方请求帮助，即使他不能帮助你，你也不要在意。
6. 感谢伴侣为你做的点点滴滴，不要认为他做这些事都是理所当然的。
7. 关爱对方之前先关爱自己。如果你感到身心疲惫或处于重压之下，千万不要委屈自己付出。
8. 当伴侣提出一些有益亲密关系的建议时，如"我们今天出去吃饭好么"或"我们一起去度假吧",等等,千万不要随意批评或改变他的想法。

9. 结交一些人缘很好的朋友,向他们吐露心声。如果找不到这种朋友,不妨寻求专业心理咨询师的帮助。

10. 和伴侣一起探讨本书的内容,了解他的想法和感受,并努力予以接纳。当然,你也要把你的想法说出来,以便让他进一步了解你。

麦克如何改变

麦克的问题在于他意识不到自己已经逐渐失去了对伴侣的兴趣,只知道相对于亲密关系,他对工作或嗜好更感兴趣。以下几条警兆,可以帮助男人察觉自己的亲密关系是否出现了问题:

1. 过分重视工作,经常忘记答应过伴侣的事情。

2. 你答应伴侣整修家中的某样电器,但是转而又去忙自己的工作,将它忘得一干二净。

3. 你完全不了解伴侣的感受,却发现自己经常告诫对方应该或不应该产生某种情绪。

4. 你搞不明白为什么伴侣总是为一些鸡毛蒜皮的小事烦恼不已。

5. 你发现自己对伴侣和孩子的话总是漫不经心,不是想着工作上的难题,就是因电视节目而分心。

6. 当伴侣开口说话时,你总感到不耐烦或索然无味。

7. 性生活时,你不再充满激情,对伴侣失去原有的兴趣。

以上各种感受,相信每个男人多多少少都曾体验过,然而,其中每一项都是男人的聚焦式认知模式造成的。就这种认知模式本身来说,没有好坏之分。如果做事情不能一心一意,那么什么事情都做不好,但是如果过于专心,就会忽略了他人的需要。由此可见,聚焦式认知模式如果不能和发散式认知模式平衡发展,对两性关系的经营必定有害无益。

了解了这点,男人可以通过倾听伴侣的心声来扩展自己的注意范围。但是,有些男人平时过于关注工作,一想到要花时间倾听伴侣的心事,就觉得难以忍受。为了减轻这种"必须聆听"的压力,不妨鼓励伴侣把自己的感受写下来,然后约定时间专心聆听。只有这样,才能为伴侣和家庭作出更多的贡献。

别让感情老化

相爱容易相守难

每对爱侣都要经历感情和生活融合的磨炼，才能实现恋爱的童话。然而，随着相处的日子越久，容忍对方的限期也越来越短，看着对方死性不改的陋习早已定型，你更是觉得和这样一个人在一起简直就是一种负累。

艾瑞儿和阿诺结婚已有三年，一天，艾瑞儿和她的一个闺密吃饭时，聊着聊着就不由得诉说："我已爱到心生厌倦了，我和阿诺在一起的时候，连个亲密的拥抱都省略了。还记得刚结婚那会儿，我挽着阿诺的胳膊在公园里散步的时候，每当看着身旁你侬我侬的老夫老妻从我们身边走过，我俩就投以羡慕的眼光，一同认为我们也要这样。然而，结婚才三年，我就觉得这种感觉很差劲，甚至感觉像早到的更年期一样。"一想到这里，艾瑞儿顿时有些害怕。

对于艾瑞儿来说，生活早已谈不上激情。虽说很多人会有类似的经历，好心说服自己平淡也有平淡的好，可是，每当面对镜中自己变老的危机时，你的心不由得开始慢慢变灰，于是，你开始狂恋年轻的情人歌手，开始幻想假如可以的话，好想好想再恋爱，重新燃亮年轻时火烫的恋爱感。

或许很多人都曾想过，是不是这一生就落得如此，不再有机会被追求，被

约会，体会心跳、热吻、火烫烫的爱呢？人生长路漫漫，为什么爱情的生命比名店的大减价周期还要短暂？女人难道就这样过一生吗？到底是什么东西，把好端端的感情关系变得黯然无光，甚至死气沉沉、一蹶不振，只想找个借口逃避和埋怨，甚至想到分开？

亲密相拥，一个遥不可及的梦

古往今来，男婚女嫁似乎就是为了能够与别人建立某种亲密的关系。实际上，时至今日，这种渴望仍然没有丝毫减弱，人们一直都在渴望能够与某人一起体验这种私密、排他性的关系。我们希望能够选择自己的意中人，也希望意中人能够钟情于自己；我们希望向伴侣倾诉衷肠，也希望对方向自己吐露心声。

也许你会认为，不是任何人都渴望建立这种亲密的关系。也许你正心存疑感：你和你的伴侣是否都愿意继续保持这种关系？也许你会怀疑，你们之间是否存在过或者是否能够建立起这种关系？如果你的心里存在以上某种担心或者困惑，说明你仍然渴望拥有这种亲密关系。和你一样，你的伴侣也同样渴望拥有这种关系。

为什么要这样说呢？据一份调查研究报告显示，无论是男性还是女性，绝大多数人都会强烈渴望与别人建立某种亲密关系，大多数男性更是承认对此心驰神往。调查结果还显示，女性同样渴望亲密关系。虽然有研究表明，女性婚后的健康状况、幸福指数和寿命都大打折扣，但这并没有阻碍她们跨入婚姻殿堂的步伐。其次，电视剧也是最好的证明。无论是制片人还是广告商都最清楚不过：人们最希望看到的，就是那种亲密无间、罗曼蒂克的情感联系。所以说，为了获得亲密关系，男婚女嫁才应运而生。

那么，为何许多已婚夫妻和待婚男女仍然在为建立并维持这种贯穿一生的亲密关系而烦恼纠结不已呢？既然我们已经步入了婚姻的殿堂，为什么我们还需要寻求帮助呢？究竟是什么地方不对劲呢？

原来，我们都理所当然地以为爱就是永恒，不知道其实爱情比青春还脆弱，需要不断更新、新陈代谢，让自己容光焕发。爱不怕没有心，最怕的是老化。一旦爱老去了，心就会变得麻木不仁，失去激情，失去情趣和更新的动

力。这样的爱简直就是不堪一击，时间越久，越容易生厌生变。

对于你的爱是否已经老化，也许你还在持怀疑态度，下面不妨问问自己这些问题：

你有多久没有怀着初恋的心情和眼神跟伴侣相处了？
你有多久没有跟伴侣分享人生的理想和梦想了？
你有多久没有仔细看一遍你的爱人，重新发现对方的外表和内心了？
你有多久没有约会爱人，送他自己悄悄自制的礼物了？
你会将感恩藏在心里，还是欣然表达，让对方知道呢？
你觉得是伴侣才令你产生负面情绪，使你愤怒、委屈和难过的吗？
当你的爱人感到满足和快乐，你却总是没有感到满足，所以很难全情投入地分享对方的快乐吗？

原来，是我们自己先麻木了爱，过分重视经营生活，其实在婚姻关系中，爱同样需要补养和维修，这样它才会历久常新，避免生锈和老化。因为我们只是凡人，爱未能完美自足。所以，爱不止要守护，还需要更新，从现在起，重新恋爱，别让感情老化，婚姻才会变得温馨而长久。

营造轻松的家庭氛围

在一份知名的杂志专栏上曾写过这样一段话:"对你的丈夫和孩子而言,家庭有什么意义完全取决于你的作用。当然丈夫和孩子对家庭也有义务,但是关键的还是在于你,在于你所创造的环境、营造的气氛,特别是你的榜样作用。"

对于一个男人而言,无论他多么喜欢自己的工作,工作本身总会给他带来一些压力和紧张情绪。如果这个人要在第二天以饱满的精神状态投入到自己的工作中,那么,他就必须在家里消除这些紧张情绪。每个妻子都想做一个称职的家庭主妇,可是很多人又常常把握不好尺度,反而让丈夫在家中很难放松。

有这样一位妈妈,她总是担心自己的小孩会弄脏她的地板,所以,她就不允许她的小孩带小朋友来家里玩。不仅如此,这位妈妈还总是担心她那有吸烟嗜好的丈夫会把家里弄得到处都是烟味,所以,不让丈夫在家里抽烟。更极端的是,这位女士就连看书看报也要丝毫不差地放到原处。或许,有的人会觉得这么做有点不合常理,但是,生活中的这种情况远远超过我们想象。

类似的故事还有很多,下面这则故事中的哈丽叶就是其中之一,她的生活目标就是保持家中绝对的干净,她甚至无法忍受家人放错了

坐垫。每当朋友来家里聚会,她又担心朋友会把东西弄乱,因此不欢迎朋友来访。在她眼里,还认为自己的丈夫简直是一个破坏分子,破坏了她辛辛苦苦创造出来的干净环境。在哈丽叶收拾得干净整洁的房间里,每当她的丈夫随手放置烟缸、报纸、眼镜盒和其他东西时,她就一定很生气,想和他大吵一架。

男人在外工作了一天,回到家的时候,他们想感受怎样的气氛呢?什么样的家庭才能让这个男人每天早晨都精力十足地去投入工作呢?营造温馨的家庭气氛对男人事业的影响,可能远远超过你的想象。

家庭,本来就是一个随意放松自我的地方。妻子可以决定家中物品的布置,但是不要忘记舒适——这可是男人对家庭的最大需要。也许,在有些女人看来,这些东西可能很有情调,但是在身心疲倦的丈夫眼里,却并不这样认为。以精巧的桌椅、精致的毛织品、各种装饰品为例,也许做丈夫的只是希望放烟灰缸、搁报纸的地方,可以让他随便搁搁脚就行。下面不妨让我们看一看单身汉的房间,了解一下男人喜欢怎样布置房间吧。

派克先生是一位特约医生,他的诊所在纽约的帕克萨斯地区40号,他的办公室就在家中,最近正在重新装修。一天,派克先生的朋友到他那里去,看到那些候诊的男病人都用羡慕的眼神,打量着他那宽敞的沙发、皮革面的桌子、高大的铜灯和下垂的大窗帘。

林克先生也是一位单身汉,他是新泽西州标准石油公司的地质部主任,由于工作的需要,他跑遍了世界上每一个偏僻的角落。他在纽约有一所非常现代的公寓,而且他把自己的房间布置得非常舒适,充满了个性和趣味。不仅如此,林克先生还会把他旅行带回来的纪念品当作房间的装饰,从刚果的木雕到东方的象牙雕,就连床单都是从秘鲁带回来的骡马皮。难怪很多人都说,明白林克先生为什么不愿意结婚了,因为即使是一个女人,也未必能够像他那样把房间打理得那么舒适。

如果你真的无法忍受你的另一半把烟灰弄得到处都是,那就多给他买几个大型烟灰缸吧。如果你的另一半经常一不小心就践踏了你最喜爱的精致脚垫,那就把你喜爱的脚垫放在客厅里,给他买一个塑胶脚垫吧。为什么你的另一半会经常把烟斗、相机、收藏品、书本、报纸放在固定的地方?也许根本就没有合适的地方可以让他放置,他只好把它们放在阁楼的角落里了。请记住,如果你想把你的丈夫留在家中,那么,最好的办法就是让他感到家的轻松与舒适。

集中你的婚姻注意力

你的婚姻还保鲜吗

激情男女结婚后时间久了,就会有左手握右手的感觉,恩爱夫妻也可能面临婚姻平淡无味的考验。先来看看下面这些题目,回忆一下你们之间的关系,如果你的答案中有大部分是"是",那么你要小心了。注意,这可是危险的信号!

1. 你和你的伴侣还像初恋时那样,每天对对方说"亲爱的,我爱你"吗?(是/不是)

2. 他是不是突然经常很晚回家,而每次的理由都不尽相同,加班了,和朋友聚会了?(是/不是)

3. 他的电话账单是不是突然多了很多?(是/不是)

4. 他是不是开始在意自己的打扮,就像你们热恋时那样,他好像又重新有了青春活力?(是/不是)

5. 你们的性生活次数是不是在减少,每次你想的时候,他总说很累?(是/不是)

6. 你们的性生活质量是不是越来越糟,每次他都像是在例行公事,完全不顾你的要求?(是/不是)

7. 他是不是不再开始关心你了,甚至记不住你今天穿的哪件衣服,梳的什么发型;在以前,他连你衣服上有几颗纽扣都能记得一清

二楚？（是/不是）

8. 他是不是经常和你谈话时，接到某个电话就突然压低声音，或者到卫生间去接听。当你问是谁的时候，他总是很多理由？（是/不是）

9. 他是不是开始迷恋上网聊天，还特意在电脑上设置密码，让你无法登录？（是/不是）

10. 你有没有注意到他的皮包里会有一些包装精美的小礼品盒，你以为是送你的礼物，他却说是送给客户的。几天后，礼物就被送走了。（是/不是）

11. 他是不是开始接到一些神秘的短信，而且经常在夜深时发来，他开始喜欢把手机铃声改成震动。一旦你问起，他就说不想打扰你休息？（是/不是）

12. 你在他的口袋里是不是常会发现一些酒店或者咖啡店的账单，当你问他和谁在一起时，他总是支支吾吾？（是/不是）

在这些问题中，如果你发现自己居然不得不对其中的三分之二回答"是"，那说明危险信号已经在向你发出暗示了，意味着你的婚姻生活早就不像最初那样的鲜活和充满激情了。

维持新鲜度，就要有"焦点意识"

每个人都希望婚姻能激情常在，就如同女人总希望青春永驻一样。然而，激情就好比女人的容颜，青春总会逝去，容颜也会渐渐褪去。适当的皮肤保养可以让女人容颜久驻，同样的道理，适当的激情保养更可以让婚姻中爱的感觉流逝得更慢。

我们常说，最良好的夫妻关系，不是火热的激情，也不是温暖的亲情，而是互相理解的友情状态。在这种情况下，夫妻双方才容易敞开心扉，毫无疑问，这是一种最舒服的男女相处模式。想要留住男人，老婆就得学会做他的好友知己。看看吧，那些真正聪明的女人，总是会想尽办法成为老公的朋友。

婚姻关系中，激情其实就是一种争夺宠爱的过程。婚姻中的每个人无不例

外地希望自己能成为对方眼里的焦点，但是随着婚龄的渐长，双方的注意力多多少少会有所分散，而且在实质生活的进展过程中，如果婚姻的内容越丰富，当然也就会越使你分心。在某种程度上，我们会说这种"分散"会造成对方心中爱的缺失感。

不过，如果夫妻之间想要维持原有的那种新鲜度，就必须要有"焦点意识"。换句话说，不仅是你自己要意识到，你更要让对方意识到，你时刻把他（她）放在第一位，这样你的另一半才能更集中精力。

要让婚姻双方都自愿地去承担婚姻忠诚度的维护责任，那就必须让你的另一半有所意识，他对这个家庭是最重要的、最不可或缺的。当然，这也并非你想象得那么难，要知道，每个男人无不希望女人永远能够眼中有他，作为女人，能做到这一点，婚姻激情的寿命自然便会延长。

很多夫妻之所以闹矛盾，不是因为不爱，而是因为爱得不够专注。一生的婚姻中，只需要做好一件事，那就是不断地集中彼此的注意力。如此，幸福也就不远了。

面对激情的召唤

现今,出轨率越来越高,令男男女女对婚姻失去了信心。站在女人一方,开始对男人的自律性表示绝望,进而开始猛烈地攻击男人的本性,说出"男人天生就不是好东西"这种气话。

嘘,不要这么极端。也许有人出轨是因为贪欲,在这个时代,有更多的人之所以出轨,往往是因为内心的彷徨与无助。出轨,在一定程度上,反映的是人们心中热情的丧失。让我们看看下面这则事情最后会有一个怎样的结局,他们能否得到自己想要的幸福呢?

库柏和德恩是无话不说的好友,一次酒吧闲聊时,库柏无奈地向德恩说起自己的心里话,人过中年的他越来越觉得自己的人生正在走下坡路,感觉自己好像走到了一个最为平庸的时候:每天都要面对毫无新鲜感的妻子,熟能生巧不再有刺激感的工作。与风流倜傥的德恩相比,他觉得自己简直就是一个不再令人注目的中年男人。

在一次公司会议上,库柏的老板把新助理介绍给大家,她是来自密歇根的魅力女孩莎莫。莎莫自幼父母离异,因此对于感情的态度有点与众不同。刚开始的时候,库柏和莎莫没有一见钟情,但是却在一次酒吧K歌后彼此示好,双双坠入了爱河,成了恋人。而且这段办公室恋情迅速升温,爱火烧得谁都无法预料。

库柏顿时觉得自己的日子活得神采飞扬，毫不避讳地把这位美丽尤物介绍给德恩认识。就连一贯花痴的德恩都难以置信这个朋友在这个年龄还能得到如此倾心的事情。

但是，让库柏万万没有想到的是，这件事情很快就被妻子知道了。当他与妻子对视时，心中无比复杂，妻子更是歇斯底里地和他大吵了一顿。

不忠的情形一直都是婚姻问题的一部分。现如今，男人与女人的出轨现象更有日益增多的倾向。如果有一个适当的社交场合，有一次选择外遇对象的机会，无论是男人还是女人同样都会有出轨的渴望，而且更微妙的是，很多人都会沉迷其中，欲罢不能。可以说，在很大程度上，有出轨的诱因，再加上机会，是发生出轨行为的两大因素。

如果身处婚姻的人来看这个故事，无论男女老少，大致可以分为两类：一类看了会心虚，另一类不会。心虚之人必定是库柏那样的男人，自私、懦弱、内心挣扎，没有责任感。可是，激情过后，还剩下什么呢？迎面而来的内心冲击是懊悔不已，还是意犹未尽呢？

激情是一种强烈的情感表现形式，往往发生在强烈刺激或突如其来的变化之后，它是如此的迅猛、激烈、难以抑制。人在激情的支配下，常能调动起身心的巨大潜力。而激情原本就来自生命本身的好奇心和探索精神，是本我能量的充分释放。当然，这种激情并不是简单的两性之间的性吸引和魅力吸引，而是一种以内隐形式存在的生命本能，只要条件适宜，就会迸发出电光火石。

我们都知道，一个人越是在沮丧的现实环境下，就越会有想要追求突破与开放的心境。尤其是男人，永远都需要人生的满足感。当其在某一方面获得满足之后，便会安于平衡的状态。否则，他就会想尽一切办法拓展这种满足感。当然，对一个男人而言，满足感最重要也最简单的来源，无非就是一个漂亮的女人。当一个人心底的目标感越来越模糊的时候，便会尽可能地想去抓住点什么。这种情况下，激情往往是一个人证明自身存在感的最佳途径。

在婚恋关系中，激情也是人生命激情的一部分，如果一个人缺乏生命激

情,那么,对爱情、对伴侣,是难以有真挚激情的。但是,激情的生存也需要土壤,那就是健康、积极、宽容的土壤。如若不然,激情一旦决堤,也有可能造成伤害。

所以说,当我们听到激情的召唤时,不妨停下来倾听一下方向,要知道,不是所有的激情号角都值得你去奋不顾身地投入。虽说有些时候激情仿佛是被沙漠掩盖了很多年,在庸庸碌碌的生活里,我们也仿佛成了庸碌的分子,可是,只要我们依然有爱的能力和勇气,激情一定会像绿洲一样,在你意想不到的时刻出现。

共同的梦想是婚姻的保鲜剂

想要幸福就先找目标再行动

一提到幸福,我们就会想到这样的情景:在海边的椰子树上,悬挂了一张吊床,有个人正躺在床上美美地睡着懒觉。其实,这些景象和真实生活中的幸福还是有着一定距离的。

一项脑科学的研究结果表明,幸福指数越高的人,他们平时的样子一般是"在做某种事情"。换句话说,幸福的人总是在做点什么,种花、打网球、学舞蹈,等等。

也许,很多人会有这样的疑问了:"他们总是那么的精力充沛吗?"不是。他们也是人,他们也会有不耐烦的时候,那么,是什么在驱使他们呢?那就是"目标"。

人们在制定目标,并且实现目标的时候,总能感到或多或少的快乐。你的目标可以是在自家里的庭院里种满花草,或者通过司法考试,甚至可以是在纪念日跟你的伴侣跳一支舞,给他一个惊喜,等等。总之,你的目标不一定非要多么的宏伟远大。

越是幸福的人越是能发现新的目标,然后一步一步地向目标前进。更为神奇的是,在实现目标的时候,他们总能感觉到幸福的滋味,不过,在实现目标的过程中所感觉到的快乐,才是真正让他们感到幸福的源泉。

多巴胺是幸福荷尔蒙的一种,这种物质的奇妙之处就在于,人们在预想快

乐的时候，会比享受快乐时分泌更多这种物质。这也可以解释为什么我们在准备旅游的时候往往比旅游本身更能感到开心快乐的原因所在。

对于一个有目标的人而言，他们会为了实现自己心中的目标而不断努力奋斗前进着，在这个过程中，他们在不停地"预想"。可以说，找到目标这件事情本身，就能够使他们在心理上享受满满的幸福感了。

不过，这个多巴胺却是一种喜新厌旧的荷尔蒙。在夫妻关系感觉索然无味的时候，这种跟爱情和做爱也有着较深联系的多巴胺，则会使人产生偷情的冲动。更进一步说，当这个容易令人变得紧张的目标一旦实现以后，就很难再带给人快感了。幸福的人没有在沙滩上度过自己的人生也是出于这个原因，实际上，是因为他们需要不停地找到新的目标，这样才能继续感受到幸福和快感。

如此看来，我们如果想要变得更幸福，就要为自己找一个目标，并为实现这个目标不断努力着。当这个目标实现以后，再尽快找到下一个目标，如此反复，你和你的伴侣，以及所有的家庭成员才总是处于一种一起共享目标，一起努力，然后再次找到目标的状态。如果你照这个过程反复下去，就会建立我们所说的"幸福的家庭"。

有梦想的夫妻关系，爱情不会冷却

艾伦到几年前为止还很喜欢她的先生霍普，但是突然有一天，她越来越发觉自己似乎变得不那么喜欢自己的另一半了，无论对方做什么，她都觉得那么不顺眼。以前觉得先生长得很帅，但是，不知道从什么时候开始，她开始觉得自己的另一半简直就是一个土得掉渣的大叔。对于艾伦的这一想法，她的先生好像也感觉到了，对艾伦也冷淡了一点。艾伦明白了，这就是人们常说的"倦怠期"。

那段时间，艾伦认识的一位邻居跟她提起了房子的事情。

"我们要移民去加拿大，以后不会再回来了，所以准备把房子卖了再走。你要不要买我们家的房子？我记得以前你总说要买一个大一点的房子。我觉得我们家的房子还不错，本来想交给房产中介去办理。不过，我突然想起你曾经说过想要买，所以先跟你说一下。我也

做点好事嘛。价格大概就是这个程度吧。"

艾伦一看价格，哇，还真是很合适。要是能买到这个房子，那么艾伦应该也算是走运了。但是，当时他们手上的钱并没有那么多，所以，她就叫那位邻居先等一个星期，事后，她就转身去给霍普打了电话。

从那时候开始直到收房为止，这对夫妻做了很多很多以前从未做的事情。他们先是从调查周边房价开始，研究这套房子是不是真的值得买；接着，他们又去银行询问有关贷款的事情，等等。为了买房子这件事情，艾伦和先生每天都忙得不亦乐乎。就这样，两个月以后，他们带着自己的家当来到了新家。

第一天晚上，艾伦不知不觉地想到他们夫妻俩的曾经那段倦怠期，不过，现在俨然已经在和先生互相帮忙、一起谈论、共同寻找解决方案的一系列过程中，不知不觉地蒸发掉了。

回头想想过去，艾伦不觉地感慨起来："过去的两个月实在是有意义的两个月啊。"当然，这也是艾伦第一次觉得，夫妻之间确实需要共同的目标。

如果艾伦放置不管这段好不容易恢复的感情，那么很有可能过一段时间以后，说不定她还是会产生倦怠感。于是，在日后的生活中，艾伦经常有意识地在家庭里提出各种问题。其中最突出的就是，跟先生约好一年以后去旅游的事情。当他们夫妻俩选好地点后，每个月都会存一点钱。每当电视上播放他们要去的那个旅游景点或者是在外面听到关于那个景点的传闻趣事，他们都会在一起开心地谈论半天。可以说，至少到现在为止，正是两个人之间的共同目标解救了他们。

很多夫妻在一起过日子的时候，两个人几乎没有梦想过什么，甚至连自己的梦想都没有。每当自己的生活不顺利了，或者是人生有什么波折的时候，他们总是会埋怨这个社会。那些把爱情当作是精神支柱的夫妻也是一样，我们往往会看到，在他们结婚以后没多长时间，他们连那最后的精神支柱很可能都会失去。可以说，缺乏共同梦想的爱情，其使用寿命甚至比电灯泡还要短。很多

家庭只不过是在表面上维持法律意义上的夫妻关系，更多的精力都放在孩子和赚钱上，却从未或是很少感受到真正的爱情。

如果你即将踏入婚姻的殿堂，那么，你要趁第一阶段的爱情烧尽之前，尽快找出你们两个人之间的共同目标。这种爱情比那些激情燃烧的爱情要长久得多。所以，请记住这句话，维持爱情的，是你们的意志和努力，还有你们的梦想。

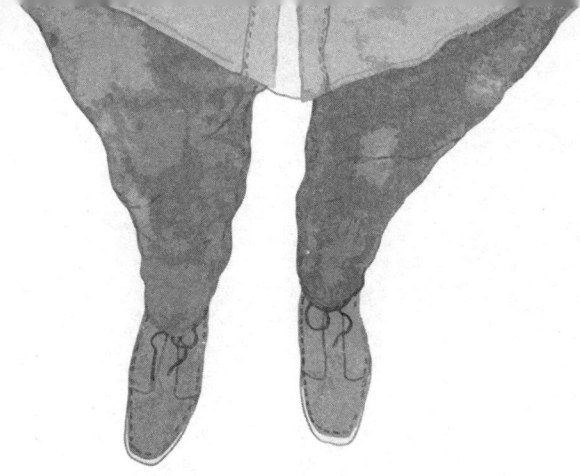

07

床单下的性福秘密

性,是婚姻生活中,夫妻双方最重要的精神沟通方式。如果说爱情是婚姻的支柱,那么性爱就应该是爱情的根基。然而,很多夫妻对性却有很大的误会,并因误会而带来许多不必要的心理焦虑。事实上,揭开隐藏在床单下的性福秘密,才能获得幸福圆满的两性关系,并最终拥抱高品质的生活。

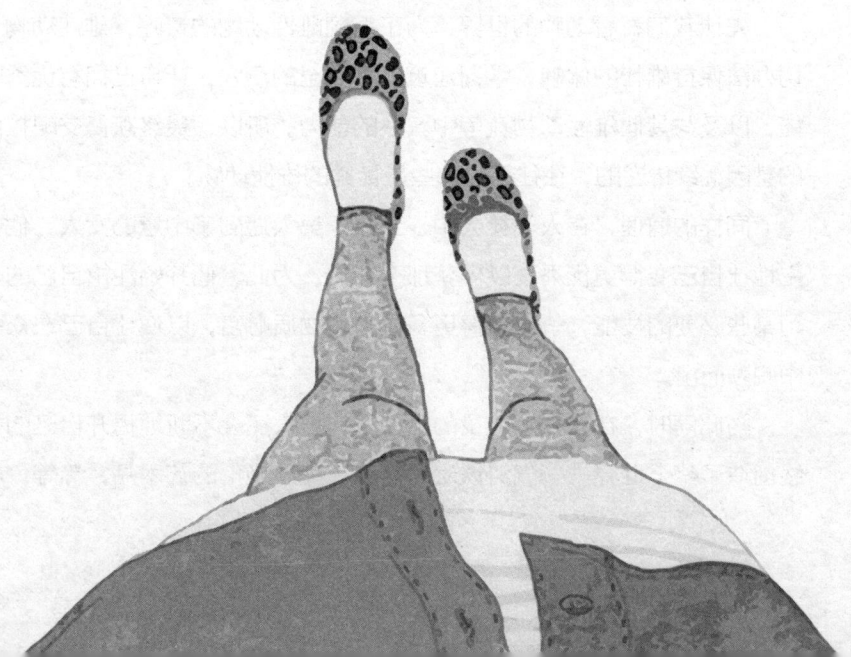

让人惊叹的性能量

生命的源动力——性能量

现在,我们终于可以谈谈有关性的问题了。不过,如果你期待的建议是关于大胆放肆的性体验,或是如何刺激你的性幻想,使你们更加狂野,那么,我们只能让你失望了。不过,在我们看来,这里所要教你的,绝对比那些所谓的技巧和方法更能引人入胜,也更能令你感到紧张兴奋。

在人类文明的创造和发展史上,知识、技术、语言等的推动力简直都"弱爆"了!越来越多的研究表明,世界上再没有哪种力量可以比性能量更能推进人类文明的前进脚步了。

先让我们看看动物的世界,为了得到雌性动物的青睐,雄性动物会想尽一切办法保持雄壮的体魄,学习建筑坚固安全的洞穴,让自己拥有优秀的觅食技能,以及与其他雄性动物竞争中获胜的能力。所以,最终获得交配权以使自己的基因继续传递的,往往都是那些最优秀的雄性动物。

同样的道理,在人类社会中,当一个男人遇到了中意的女人,他会不由自主地让自己变得更优秀,以俘获那个女人。为此,他开始注重自己的形象,学习某些必要的技能,争取获得更多权力和物质财富,以便让自己在众多竞争者中脱颖而出。

与此同时,在这种性能量的驱动下,男人还会不断地提升自己的能力,最终创造了整个世界——气势恢宏的宫殿、美妙绝伦的艺术品,等等。所以,男

人在得到自己中意女人的同时，也为社会，乃至整个人类文明的进步作出了不可磨灭的贡献。

我们都知道，任何一种生物都是带着自己的使命来到这个世界的，那就是将自己的基因传递下去，使自己的族群逐渐得到延续。为了完成这个使命，这些生物一生都在努力完善自己，努力争取到所有可能的交配机会，因此，它们会发展出一切的能力和特长（如偷窃卵子或霸占巢穴），做出一切骇人听闻的事情（比如甘愿被伴侣吃掉）。当然，人类为了让自己的基因能够得到最大化的传递，也是如此。只不过，人类由于双手的解放，逐渐发展出更多的欲望，比如权力、控制力，等等，致使基因传递的使命被偷偷地掩盖起来，不那么明显了。

某种程度上，我们可以说，如果不是受性能量的驱使，那么，大自然中很多美丽的生物将不复存在，人类世界也不会有这么多奇异美妙的装饰品，先人更不会不辞辛苦地为我们留下瑰丽鲜活的古建筑和古文明……试想一下，如果真是这样，这个世界将会是多么的了无生趣！

可以说，作为生命源动力的性能量，不仅促进了物种的延续和进化，同时也为我们创造了五彩缤纷、丰富异常的大千世界。正是在这种源动力的驱使下，各种生命才能在地球上延续几十亿年而不衰。

常与爱人滚床单的人看起来更年轻

其实，性能量的神奇还远不止这些，有这样一项医学实验：研究人员让男性志愿者从镜子中观察对面的多位女性，并按第一印象将她们进行评估和分组。实验证明，在"非常年轻"的女性人群中，往往有着固定的性伴侣，而且平均每周有四次性生活。或许，很多人要问了："真的有这种事情？"那么，这是什么原理呢？

与所爱之人一起滚床单，可以促进女性体内雌激素的分泌，让皮肤变得更光滑、更有弹性，还可以锻炼身体各个部位的肌肉，有减肥瘦身的作用。而且在稳定的伴侣关系中，女性可以感受到更多的安全感和被爱的感觉，这对增强她们的自尊感也非常有益。另外，研究人员还指出，在滚床单时不使用安全套的女性，更容易精神焕发，不易抑郁，这很可能与男性精液中的锌、钙、蛋白

质等营养物质可以滋养女性的身体有关。

　　与爱人经常一起滚床单，对男性也有很多好处。首先，有规律地滚床单可以增强男性精子活力，提升生育能力；其次，滚床单还有助于心脏的健康；最后，滚床单还会促进内啡肽和催产素的释放，让人从日常的紧绷状态中解脱出来，增进睡眠质量。

　　如果你与你的伴侣在一起之后，明显觉得比以前更年轻、更富有活力，身体状况也变得更好，那么，恭喜你，这意味着你真的沐浴在爱河里，夫妻双方都非常享受当下的生活。

费洛蒙之谜：两性吸引是怎么发生的

"什么样的异性最吸引你？"当人们问起这样的问题时，往往会得到五花八门的回答，比如爱干净的人，比如有共同爱好的人，比如有某种特殊才能的人，等等。也许还有人会告诉你，他喜欢那些喜欢他的人。

其实，这些都是表面现象。事实上，你会被什么样的异性吸引，你会和谁展开一段浪漫的恋爱，通常是在你的大脑还没有做出反应，而你的身体和各种感觉，尤其是嗅觉早已帮你做出了选择。而你，只是那个执行者而已。

的确如此，男女之间最初的吸引并非单纯地来自相貌、衣着、谈吐、学历等这些所能看得见的信息（除非你与另一半的关系缘于功利性而非真正的吸引），而是来自身体散发出的看不见的气息，生物学家把这种身体气息称为"信息素"，也有的叫作"费洛蒙"。

这里所说的"费洛蒙"是一种无形又无所不在的化学分子，在每一个费洛蒙分子中都承载着人们独一无二的遗传学信息和各种欲望信号。举例来说，一个人的外形越漂亮，那么他的身体所散发的费洛蒙就越能得到异性的喜欢，这是因为外貌越漂亮的人基因也越优秀，这就给孕育健康聪明的下一代打下了一个良好的基础。下面这个实验就能很好地说明这一点。

社会学家先是让男性观看三张女性照片，并请他们根据直觉将三张照片按照漂亮、普通和不好看进行排序；接着，社会学家又搜集了三位女性的身体气味，尤其是腋下和内衣所散发出来的气味，并把样本标记为A、B、C三种；最后，社会学家请男人们闻一闻这些不做任何标记的气味，再说出他们自己最希望和哪一个样本的女性约会。实验结果表明，几乎所有男性都愿意和C样本的主人约会，而C样本正是大家都公认为"漂亮"的那位女性。

让我们不妨想象一下，在一个巨大的社交空间里，成千上万个人们的费洛蒙都飘荡在空气中，用人们难以想象的形态进行着各种"游览"，它的使命是帮我们敏锐地寻找让自己心动的对象。

在与我们心目中那个对的人碰撞之前，这些费洛蒙大多时候都是漫无目的地"瞎逛"。然而，一旦锁定了目标，身体就会立刻释放出大量的费洛蒙，这是一种只有当事人才能收到的"讯息"，它直接影响着大脑中负责情绪的潜意识层，让我们不由自主地看着对方，进而一步步地走近彼此。于是，一段美妙的浪漫关系就这样开始了。可以想见，这是一幅多么美妙、神奇的画面！

生物学家也为我们证明，有不同身体气味的人就会有不同的免疫系统，而人们往往被那些与自己有着不同身体气味的人所吸引，事实上，这种结合而生出的后代往往更加聪明和健康，这也大概是人类能够称霸地球的密码之一吧。

因爱而性，还是因性而爱

有这样两个故事：一个是进行精神恋爱的情侣，在没有性接触的情况下，也能爱得死去活来；另一个是电影里深情演绎的男女因滚床单而发展出的深刻爱恋的故事。看到这里，可能很多人会有这样一个疑问：人们到底因为相爱才想要有性，还是因为有了性才去爱呢？

有一句话是这样说的："爱情因性而更加美好，性因爱情而变得神圣。"此话可谓很好地道出了爱情和性的关系。

对于相爱至深的男女，自然会非常渴望与对方的身体发生亲密的融合（几乎所有精神恋爱的伴侣都是因为不具备发生性关系的现实条件，而非刻意保持所谓爱的纯洁性）。在私密性极高的空间里，彼此会将自己完全裸露在对方面前，达到一种"你中有我，我中有你"的紧密结合的忘我境界。

在这个过程中，人们会感受到自己正选择无条件信任对方，而自己被对方无条件地完全接纳着，不得不说这是一种深刻的交流。这种交流是情感性的，更是肉体上的，如此一来，双方可以更进一步地确认爱与被爱的感觉。

而在一对相爱的男女那里，彼此之间如果有了性的互动，那么势必将加深他们的亲密感和安全感，当然，还会为他们的关系带来更多的稳定感和确信感。

当然，也不排除有些时候，人们会对某个异性产生一时强烈的性欲望，在彼此毫无交集的情况下就对对方产生了一种难以抑制的渴望。下面这个故事就为我们描述了这一点：在公共汽车上，男主人公和女主人公突然偶遇，彼此之间产生了不可抑制的渴望，继而由性而爱，开始了一段充满纠葛的感情故事。

现实生活中，也确实不乏这种因性而爱的例子，比如，有人爱上了"一夜情"的对象，后来，又把"一夜情"变成"多夜情"，然后，两个人结了婚，过上了幸福的小日子。

然而，实际上，这种由性关系开始的感情往往不容易善终。上面的剧情发展到后来会有怎样的结果呢？男、女主人公踏入婚姻殿堂之后，男主人公很快就对女主人公的身体失去了兴趣，两个人开始了对彼此的虐待和折磨，最终故事以悲剧结尾。

在这种由性吸引而开始的感情中，往往激情的成分占很大一个比例。如果两个人建立了爱情关系以后，又不注意培养感情，尤其是信任感和亲密感，那么，一段时间以后，这种因性吸引而燃起的激情很快就会由于新鲜感的消失而逐渐淡化，最终，一段美好的爱情佳话很可能就会沦为一个香艳的风月故事。

正如社会学家经过长期的追踪研究发现：因爱而性的爱情更容易稳定和长久。在爱情这个基础上发展起来的性关系，更有助于加深彼此的爱意，并使双方的关系变得更加稳固。而那些因性而爱的感情则更多地需要建立在激情的基础上。如果要想发展成长久的爱情，那就需要在关系开始之后，不断地加强彼此之间的了解和亲密感的培养。如若不然，这种因性而爱的关系很可能就会夭折。

亲密绝不只是肌肤之亲

先来看一个真实的心理咨询案例

　　海伦是一位优秀的桥梁工程师，最喜欢的事情就是在微博上晒恩爱。在朋友圈里，她与结婚四年、相爱十年的丈夫是一对让人羡慕不已的模范夫妻。

　　可是，海伦也有她的苦恼，那就是刚三十多岁的丈夫就开始"不举"了，每次性生活都很不顺利。于是，海伦的丈夫开始频繁加班，还经常睡在办公室里。这种状况一直持续了很久，两个人计划要生孩子的想法也变得遥遥无期。

　　一直以来，海伦对性就没有太多的需求，没有性生活也是可以接受的，但是迟迟没有小天使的降临却着实让她大伤脑筋。但是，海伦也很心疼丈夫，觉得他也许是心理压力太大了，就借工作来转移注意力。

　　后来，这对夫妻经过商量，选择一起来做婚姻治疗，因为海伦实在是太想要个孩子，而丈夫的状态也让她很担心。

　　婚姻治疗师很快就发现，海伦的丈夫之所以"不举"，是因为在他的心里积压了太多对海伦和她的家人的愤怒。海伦的丈夫是个个性比较内向、习惯掩藏自己的情绪和想法的人，尽管他对海伦还是很有感情的，但是他们的生活还是显得风平浪静。

实际上,海伦的丈夫还是有性欲望的,不过,一旦这种对妻子及其家人的愤怒情绪从身体的各个角落渗透出来,就会不断地冲击着他的内心,让他无法再将性活动继续下去。慢慢地,他就一步步发展到"不举"的情况,大大挫伤了男性的自尊心,这才演变到借工作来逃避与海伦在一起。

最终,真相的揭露让海伦大吃一惊。她一直以为自己和丈夫两个人恩爱如初,想不到里面却隐藏着这样的惊天事实。

其实,在婚姻关系里,性行为还包含着很多丰富的内容:性关系能在一定程度上反映感情关系的状态,并且是无所遁形的真切和直接。

故事中的海伦,经过一年多的婚姻关系治疗和情感心理修复,逐渐意识到自己之前完全是被两人之间的温情短信、烛光晚餐、短途旅行等这些表面上的浪漫所蒙蔽了——丈夫可以在大脑意识的支配下,迎合她做一些让自己开心的事情,可是,他的身体和性本能却无法受到大脑的控制。后来,海伦终于可以和丈夫同享鱼水之欢,并且,顺利地怀孕了。

和谐的性爱源自良好的感情

从上文我们可以看到,"滚床单"在一定程度上直接反映了夫妻感情关系的状态,换句话说,夫妻感情可以决定性生活的质量,和谐的性爱源自良好的感情。只有感情深厚的夫妻,在性生活上才能和谐美满。所以说,夫妻感情的深浅关系到双方在性生活上的享受。

情侣之间、夫妻两人手拉着手或是臂挽着臂一起同行,那是幸福的象征。当然,这种夫妻肌肤的接触同性交一样,有着同样的重要性。一项研究结果表明:人的嗅觉与气息在情爱中也起着一定的决定性作用。该研究认为,女子随性成熟而平添的一种香味,要比头发颜色和丰满的胸部更能使一个男子始终对她依恋不舍。同样的道理,男性的气息也会对女性的月经起着良好的影响,故少女痛经常常会在婚后得以缓解。

下面这个关于气味的试验也能很好地说明这一点:一位医学博士在一家妇科医院的候诊室里放了几排极为普通的椅子,并在其中的一些椅子上抹了些带有男性气味的物质，奇怪的是，前来就诊的女士会不约而同地坐到那些抹了男性气味的椅子上。当这位医学博士询问具体原因时，她们大多都毫无顾忌地说："这毕竟令人心旷神怡啊。"从生物化学这一角度来看，这个试验很好地证实了为什么男女夫妇经常会依偎在一起的原因所在。

值得一提的是，从拉手、依偎、拥抱这些皮肤接触的方式中所带来的愉悦和快感，绝不是用语言、性交等其他方式所能代替的，这对加深夫妻感情的作用也是不可低估的。因此，夫妻在一起（尤其是中老年夫妇），只要有可能，就应该尽量地多一些肌肤相亲的活动和机会，像挽臂散步、相互依偎看电视、上床以后，即使不性交也要相依相靠、搂搂抱抱，以尽量满足皮肤接触的欲望。事实也证明，带着这种心理上的满足感而入睡的话，也会更香甜。

由此看来，肌肤相亲促进感情的加深，而这种接触又会进而燃起性的激情，情是性爱的基础，性是情深的必然。无数事实也证明，夫妻之间有了感情，克服性障碍才会有动力；有了感情，提升性能力才有奔头。所以说，夫妻之间，一定要互相体谅、互相理解、互相信任，这样才有助于共同建立一个深情的家庭。

性爱吸引力是保持婚姻的支点

结婚后，用滚床单来稳固爱情

提起婚姻生活中的爱情，很多人都会担心它因经不住枯燥乏味而变质，害怕曾经美好的情感逐渐被争吵、麻木以及外遇所替代，所以，在结婚前夕，总有很多人会感到莫名的焦虑和恐惧。

不过，这些人的担心也并非空穴来风，有这样一些现实不得不正视：随着生活节奏的加快，让人们来不及思考，来不及认清自己真正的需要，只是被浮在表面的诸多信息和诱惑牵着走，这样一来，就非常容易迷失在浮躁的社会潮流里，于是便有了原因五花八门的离婚潮。

上述种种现象让婚姻关系变得很脆弱，让热爱婚姻家庭生活的人们感到很不安，以至于有人不无悲怆地问："难道爱情真的抵不过岁月吗？"

其实，想要收获幸福的婚姻生活，就一定要在最初建立关系的时候，常常维护它，让它保持一个和谐、安稳的常态，哪怕只有一点儿矛盾的端倪，也要认真对待，如果有一天，小问题演变成大问题了，那么，后果很可能会变得不可收拾。

要知道，一旦婚姻关系出现了严重，甚至是不可调和的矛盾（如虐待、分居、外遇等），此时再来"挽救"，成功率往往会很低。因为人都是有记忆的，一旦婚姻关系到了令人极度痛心、纠缠的状态，如果想让当事人忘记或是彻底原谅对方曾经做过的那些伤害性行为，那是很难的一件事（当然也不排除有人会做到）。

所以，这里建议大家，当两个人的关系还处在一个相对比较平稳的状态，即便彼此之间早就失去了热恋时的激情澎湃，滚床单时的快感也远不如当初强烈，伴侣们也还是要继续有规律地滚床单。因为此时的滚床单已经变成夫妻之间最亲密无间的交流方式，可以让夫妻在心里建立起"一体"的感觉。

爱情是诗化的性欲

性是人类的本能，也是最基本的需求，跟饿了要吃饭、渴了要喝水、困了要睡觉一样。著名哲学家叔本华曾经说过，除了生命外，性是所有的冲动中力量最强大、活动最旺盛的。

不过，性从来不仅仅是生理上的，在心理学上，有这样一个著名的观点："人的性欲不止是纯粹的性欲，它在人的层面上说，是转化关系、人格化关系的工具。"简而言之，性就是男女情感关系的一座桥梁，是伴侣建立亲密关系的愿望和手段。

在道德感的约束下，性欲大多以爱的名义来要求，"爱情是诗化的性欲"就非常精辟地揭示了爱情与性的关系。如果恋人之间有了较为稳定的性关系，那么爱情也会随之加深，因为性是人与人之间最极致的"亲密接触"，而且随着性在默契程度上的加深，我们也会越来越爱对方。而这，就是越爱越做，越做越爱。

当然，要想获得真正持续稳定的爱情，不仅要建立在性欲吸引的基础上，还需要在一定程度上抑制性欲。虽说性很重要，但性又并非爱的全部，与之恰恰相反的是，深沉的爱还需要在一定程度上抑制性的欲望。如果仅仅是为了满足性冲动，那么性关系也会变得十分不稳定，甚至难以持续。所以，对于婚姻来说，性与爱应该是一体的，无论彼此之间是因爱而性，还是因性而爱。

婚后，持续、有规律地滚床单可以让婚姻关系变得更加稳定，并给彼此带来更多的安全感。事实上，这也是爱情之所以能够战胜时间磨砺的秘密所在。在那些婚后多年但仍恩爱的伴侣们身上，我们会看到夫妻双方除了在生活中格外注重对彼此的尊重、欣赏以及自我表达之外，他们还会用性来表达爱。

"后戏"更多才是真的爱你

谈到男性和女性在性需要上的差异，就不得不提男女在性唤起上的不同。一位美国的性学家曾对此有过一个很经典的比喻："男性就像灯泡一样，打开开关，它会迅速转热；而女性则像一块铁，光打开开关还不行，必须一等再等，才会看到她慢慢变热。"这几乎成了众所周知的客观事实。

对于男性而言，他们能在见到女性裸露的身体的一瞬间便激发出不同程度的性欲望，而且由于男性的性唤起来得快，自然也就去得快，换句话说，只要性活动一结束，他的性感觉很可能就会同时消失，然后立刻去做别的事情，比如去洗手间、看电视、抽烟、睡觉等。据一项调查资料显示，在夫妻完成性生活后：

32%的丈夫会马上躺下调整呼吸或吸烟；

17%的丈夫会很快进入梦乡，而且还有少数打呼噜，甚至吵到妻子；

14%的丈夫会急于上厕所；

9%的丈夫马上会去洗浴；

6%的丈夫找饮料喝或者去看电视或者去工作；

2%的男子则开始进行另一次性生活。

然而，对于女性来说，一方面她们的性唤起来得慢，所以，需要甜言蜜语、爱抚、灯光、音乐等的配合才能慢慢进入状态，也就是所谓的"前戏"。另一方面，由于性唤起来得慢，相应地去得也就慢一些，所以，在性活动结束之后，还需要男伴继续对她进行爱抚、拥抱、缠绵情话，也就是所谓的"后戏"，从而帮助她在爱的包围中逐渐平静下来。

性学家们认为，在性生活后，有关男性的以上几种情况中，除了上厕所属于实在难以克制的以外，其他几种习惯都是不可取的。

在性学权威研究中，有关专家曾提出了性的四周期反应理论。该理论认为，一次完美的夫妻性生活应该包括兴奋期、持续期、性高潮期和消退期。其中，兴奋期主要是进行前戏，为入戏做准备；持续期和性高潮期是已经进入性交；消退期主要是进行性后嬉，使夫妻性生活更完美。这就好比看一台戏，前戏如同序曲，性后嬉如同整场戏的尾声。试想一下，如果一台戏快结尾时突然中断，肯定会让人感到意犹未尽，缺乏余味。

事实上，对于一次完美的性爱，"后戏"比"前戏"有着更加重要的作用和意义。这是因为"前戏"只是为了营造一个较好的性感觉，满足性欲望；而"后戏"常常能让人达到心理上的满足，加深伴侣之间的感情。如果说"前戏"更多的是关注性活动本身的话，那么，"后戏"的焦点则是通过性来提升感情。

如果你的伴侣只愿在"前戏"上花时间，却不愿为"后戏"多做一点，即便是告诉他你的希望后，对方也不愿意改变，那么，很可能意味着你的伴侣的性行为仅仅是为了满足自己的性欲望，对与你建立稳定的亲密关系毫不感兴趣，当然也不会关心你的感受。

所以，正如很多性学专家津津乐道强调的那样，男人要注重"后戏"的经营，因为这个时候，女性最需要再接再厉的温柔安抚，这样才能升华芝麻开花般的快乐。

那么，房事后又该如何奏响"性后戏"的美妙乐章呢？对于这个问题，谁都无法做出标准的回答。这里的建议是，夫妻双方最好做些能使彼此都感到舒适的事情，如双方继续拥抱一段时间，享受房事后的甜蜜亲吻，等等。当然，在后戏中小声地交谈也是必不可少的，如果这种事也偷懒的话，恐怕就难以领悟到性的真谛了。

反过来说，作妻子的也应该冷静地对待丈夫对后戏的"偷工减料"。首

先，你应该明白无误地让丈夫知道你心中的不快，不要用行动去暗示，而是用语言说出来。要知道，男人的心思不像女人那样细微，如果你心里不痛快，他却毫无察觉，甚至认为你对性生活很满意，问题当然就得不到解决了。

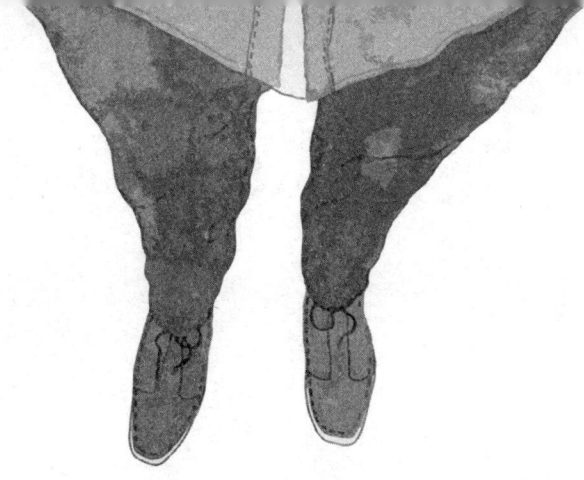

08

亲爱的，我们还要不要一起走下去

如今，许多尚未步入婚姻殿堂的人往往害怕结婚，而结了婚的人却又想着离婚。到底是哪里出了问题？我们为什么要结婚？当相伴多年的夫妻遭遇红灯，我们还要不要一起走下去？夫妻二人如何才能恩爱一世、携手一生呢？

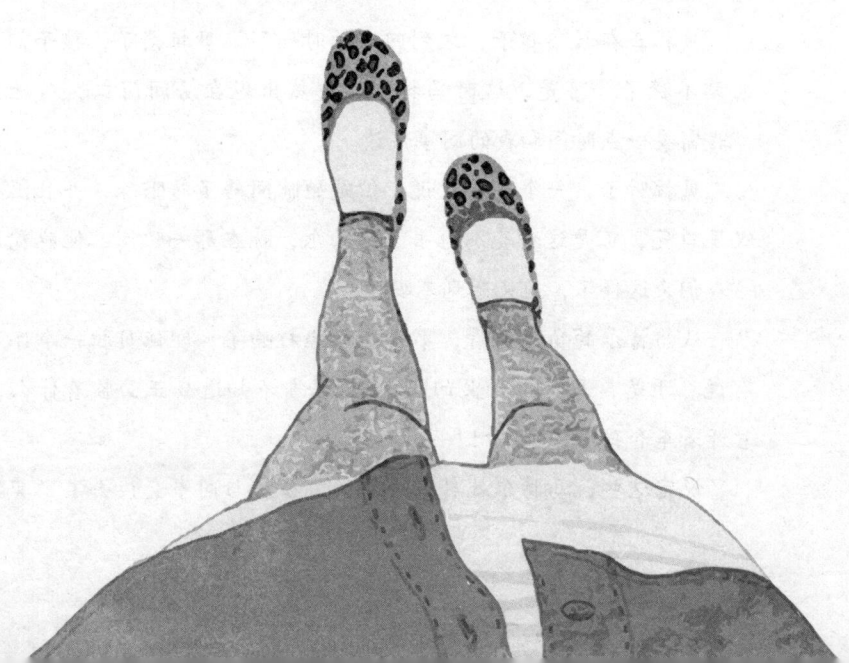

为什么我们会伤害我们最爱的人

因责备而造成的婚姻紧张

先来看这样一个例子:

马特尔和贝拉正在参加公司的年度烧烤。期间,一位同事向马特尔含糊地说起了一封有关马特尔工作表现的信,听到这个消息,马特尔感到些许不安,变得焦虑起来,他试图在晚宴上找些乐子,然而他被担心抓住了心。"在那封信里,究竟写了些什么",他为此事而深感不安。

贝拉正在召集孩子,该到回家的时候了。贝拉累了,孩子们也已经站不稳了。可是,这时马特尔却突然出现在房间门口,对她说:"我需要一点时间和我的同事谈谈。"

贝拉听了,一个字也没说,但是她瞬间转了转眼珠,并且沮丧地叹了口气,正是这种姿态打击了马特尔,就在那一瞬间,他感觉到:"我们又这样了,她又感到不安了。"

从马特尔的角度来看,第一炮已经打响了,即使贝拉一个字也没有说。于是,马特尔开火回击:"你根本不知道我正面临着什么,尽管开着车和孩子回家去吧!"

说完这些,马特尔就转身去他的办公室与同事交谈去了。其实,

08 亲爱的，我们还要不要一起走下去
MARRIAGE PSYCHOLOGY

贝拉一直在等着马特尔，那样的话，他们就可以一起回家了，但是整个晚上他们过得并不轻松，始终沉默着，关系陷入极度紧张的状态，他们开始相互指责对方，小冲突不断爆发。

贝拉思来想去，搞不明白一个问题："为什么马特尔对我大喊大叫？如果是工作的问题，为什么他不告诉我呢？"

其实，马特尔也不停地在想："她为什么在烧烤会上要用那种责备的眼神看我？我已经尽力做得很好了，她难道还不相信我吗？如果我说我需要几分钟，难道就必须是一些很好的理由吗？"

想必你可能已经看出来了，这场争论并不是深思熟虑的反应。马特尔和贝拉停在了我们即将说到的"责备你的伴侣"上。

通常情况下，导致婚姻紧张有三种处理方式：投身到孩子身上、责备伴侣以及伴侣疏远。这里所要说的就是"责备我们的伴侣"，同时我们还会回答这个问题："是什么原因导致良好的婚姻变得不好，我们又该如何避免？"

在我们检验对伴侣的责怪之前，我们先要认识到对责备的讨论包括三个要点：

第一，我们没有认识到，我们每天对伴侣反应过度，不只会引发争论，还有指责。

第二，我们相信，我们对伴侣的指责是正确的，但是我们并没有意识到，我们通常都在通过向伴侣身上转移焦虑，来让他们成为替罪羊。

第三，当一方占上风并责备另一方时，就会导致另一方的困扰，同时变得顺从和自我责备。

这些观点是至关重要的，虽说你会说我们有理由相信我们可以非常客观地看待我们之间的关系，但事实上，我们看待我们的亲人，远远要比我们意识到的更加主观。指责实际上是人类"卸载"焦虑的一种本能表现，以寻找其替罪羊的形式，将焦虑转嫁给其他人。一旦你开始注意到，你的指责通常都是焦虑烦躁的说辞。本节的目标就是帮助你减少因责备所造成的婚姻紧张。

了解你的责备

在上面的例子中，马特尔的第一反应不是贝拉说了什么，而是她的面部

表情。他可能理解正确了,也可能没有。但是有一点是肯定的,马特尔已经因为他的同事给出的坏消息而陷入焦虑和烦躁的情绪,他已经准备好责备他的伴侣了。

马特尔有没有正确理解贝拉的意思,还是不公平地急于下了定论?其实,这并不重要。当我们对一个真正的或是想象的威胁产生了本能反应,就只会剩下局限的视野和瞬间的判断,于是我们对事情只能看到黑白两面。"我百分之百正确,那个人就是攻击我,所以,我必须捍卫。别人制造了威胁,所以,我除了反击没有别的选择"。这就好像我们的大脑是台自动驾驶仪,当我们的焦虑和烦躁接管了我们的大脑,就会劝说我们,有些威胁迫在眉睫了,于是,我们就得时刻准备着爆发,而且任何问题都有可能将我们触发。

不妨回忆一下,你是否注意到,当你心情不好的时候,是不是所有事情都看起来不对头,而你的伴侣似乎看起来更像个傻瓜?这里的"心情不好"仅仅是焦虑烦躁的另一种称呼,这会使你预先感觉你的伴侣像个傻瓜,而且这令你感到非常生气。在你看来,他应该被你攻击,因为你认为这是一个反击。

当一对夫妇开始辩驳到底是谁先开的火时,实际上就是你的伴侣认为是你开的第一枪,所以,他才会觉得自己是在进行正当"反击"。这也就是为什么我们被情绪控制时,事态会一步步升级的原因所在。你的坏情绪往往出现在人们如何对待你之前,虽然你认为这是在他们行为之后的结果。

或许,我们大多数人都已经注意到,当我们"心情不好",当我们变得焦虑和烦躁的时候,我们很容易会向快乐开枪,如果我们已经被别的什么惹怒,那么,我们会更容易爆发。这就是为什么,如果我们在办公室度过了艰难的一天,当我们回到家时,看到孩子做出太多不可思议、惹人发怒的事情,我们往往会变得更加烦躁。

这就是在上文的例子中,当马特尔因为贝拉的面部表情而厉声说话时,脑袋里所发生的一切。他的情绪已经被他同事带来的那封信的消息调动起来了,所以在那个时刻,他特别容易烦躁,几乎所有的事都会激怒他。

公平地说,对于马特尔来讲,我们不能说贝拉的眼睛转动是个正常的回应,虽然她什么也没说,但是她很清晰地传达了一种蔑视的态度,事实上,这种蔑视是对伴侣最具威力的一种责怪。

通常，对于婚姻处于困境中的人们而言，伴侣看起来不好的行为正是他们要责怪自己伴侣的正当理由，其实就连他们自己也不明白为什么焦虑会引起烦躁，还导致他们对伴侣行为的消极看法。然而，这种模式却会成为一个恶性循环，烦躁唤起责备，责备又唤起更多的烦躁，久而久之，婚姻就会被沉沦的漩涡吞噬掉。

或许，有些人会偏向地认为，他们的这种关系和冲突是偶然和随机的，就好像是"命运之手"在他们身上运行一样。事实上，我们关系中的许多冲突都是可预测、带有重复性的，并且是可控的。换句话说，如果你能控制哪怕只是你人际关系中的一小部分，都有可能带来不可想象的力量。

那么，又是什么引发我们和伴侣之间的矛盾呢？他在餐桌上的礼仪？你挤牙膏的方式？其实，我们之所以责怪对方，往往是因为一些不起眼的小事，时间久了，大爆发也就随之而来。但是，困难的是，在争论中，我们总认为自己完全有理由气愤，但是回想起来又似乎觉得很琐碎："我们为什么会有这么多的烦躁？"如果一个局外人问起你们之间吵架的实质内容，你很可能还会感觉羞于回应。这便带出了一个问题：如果我们的确尽可能地从每个人的思想角度客观地看待问题了，为什么还会发生小题大做呢？如果我们的眼睛不被愤怒和恐惧蒙蔽，为什么两个聪明人还会这么快就将小事升级呢？

不管婚姻中有紧张、冲突，还仅仅是沉默，夫妻双方往往会更倾向于认为大部分都是对方的错。以一名牧师的角度来看，经常会听到离婚者这样描述他们的前伴侣"我们疏远了"，或是"我们兴趣不同"。但是，以我的经验来看，他们真正的意思是："我比他成熟。"有些时候，我们对前伴侣的错误抱怨数小时都不觉得耐烦，却从不停下来认真思考一下，自己在选择伴侣时，是不是一个足够成熟的人，或是自己在那段失败关系中的责任。

为婚姻筑起一道防火墙

为什么要挽救你的婚姻

在婚姻面前,谁也难保经过岁月一点点地揉搓,感情会变淡、变远,彼此之间由于太熟悉,失去往日的新鲜感,于是,时常会在做事的时候多了一些抱怨,少了一些从容。两人在一起仿佛不再是因为爱情,而是一种惯性的驱使。这样的状况尤其多发在结婚十年左右的夫妻身上,长长的日子不知如何过是好,于是,很多夫妻会选择离婚。

然而,说到离婚率,想必很多人都会为其中的结果而吃惊。研究发现,近七成的初婚夫妇会在结婚后的40年里选择离婚,而其中又有一半的离婚发生在结婚后的头七年。研究还发现,再婚的离婚率比初次结婚的离婚率要高10%。现如今,面对高居不下的离婚率,让所有已婚夫妇,甚至包括那些目前对他们的婚姻感到很满意的夫妇也不由得发出这样的感叹:为了保持婚姻稳固,他们需要加倍努力。

对于一段婚姻,之所以会终结的最糟糕原因之一恐怕就是,夫妻双方没能及时认识到婚姻的价值。可是,当他们认识到这一点时,早已为时太晚。夫妻之间往往只有在签了离婚协议、分了家产或是租好房子之后,才会认识到当彼此放弃时,他们真正放弃了多少东西。对于一段好的婚姻,人们往往认为它是理所当然的,所以,也就不需要培育、被重视或迫切地需要。也有一些人可能会认为离婚或是在一段不幸的婚姻中备受折磨,根本算不上什么大事,他们甚至把这视为一种时尚，但是，大量的证据证明离婚是极其有危害的。

关于这一点，在密歇根大学工作的学者们经过多年的研究发现，不幸的婚姻大约能增加当事人35%的患病概率，并且还有可能会缩短四年的寿命。而且另一方面，与那些离婚或是身处不幸婚姻中的夫妻相比，那些生活在幸福婚姻中的夫妻反倒活得更长久、更健康。

科学家们的研究成果还远不止这些，幸福的已婚夫妻患上高血压、心脏病以及心理疾病的概率要远低于离异夫妻。的确，这些差异是存在的，没有什么好奇怪，这是因为这些幸福的已婚夫妻往往比别人更具健康意识，他们会不停地要求彼此作定期体检、服药以及注意健康饮食等。

为了证明这一点，让我们再看看下面这组激动人心的证据：一桩幸福的婚姻直接有益于你的免疫系统，使你的身体更健康。虽说要想得出这样的结论，还需科学家们做更多的研究，才能进一步证明幸福婚姻是可以增强机体免疫功能的，使我们活得更健康、更长寿，但是，可以肯定的是，幸福婚姻的确有这个作用。

事实上，对于这个问题，我们不妨这么想，如果健身爱好者每周只花10%的时间，也就是说，一天抽出20分钟的时间锻炼他们的婚姻而不仅仅是单纯地锻炼他们的身体，那么，他们获得的健康将是在跑步机上跑步的三倍，甚至于更多。

你要付出怎样的代价

除此之外，当一段婚姻出现危机，在整个家庭里，丈夫和妻子也并非唯一受苦的人，无辜无助的孩子们也会跟着受苦。一项针对63名学前儿童的研究表明，这些孩子都生活在父母相互敌视的家庭氛围里，与那些生活在家庭氛围良好的儿童相比，在这种家庭环境中成长的孩子往往有慢性应激激素水平增高的症状。这项研究还继续跟踪这类儿童到15岁，结果显示，与其他同龄孩子相比，这些孩子往往有逃课、抑郁、不合群、有行为问题（尤其是攻击他人）、学习成绩差等，甚至是辍学等问题。

从这些研究结果来看，反映了这样一个重要信息：如果为了孩子而维持一段糟糕的婚姻，那么，根本就不是一个明智的选择。在一个不健康的家庭里，父母之间的矛盾对孩子显然是有害的，而平静地离婚比维持一段战火连绵的婚姻要好得多。然而，不幸的是，现实生活中，平静地离婚简直难得一见，夫妻间的敌意通常会持续到分手之后。正是出于这个原因，父母离异的孩子也常常会遭到父母不幸婚姻的交叉火力攻击。

其实，婚姻从本质上是神圣而美丽的，好比桥梁，沟通了两个全然孤寂的世界，可以给我们的人生带来最大的幸福、安全和亮光。所以，在离婚率越来越高的今天，在人们对于婚姻的憧憬、信心和期望值不断下降的今天，当婚姻出现问题甚至危机时，我们更要学会如何面对进而拯救我们的婚姻，这才是积极的应对之道。

良好的沟通是通向幸福的桥梁

为什么大部分婚姻疗法会失败

在婚姻中,如果你曾经遇到过或正遇到麻烦,周围人很可能会给你提供各种建议。这种时候,你会发现每个人看起来都像是结过婚的,或是任何一个结过婚的人都会告诉你一个保证爱无止境的秘密。

然而,不管是电视节目中的心理学治疗师说的,还是商场里的美容师说的,关于婚姻问题的大部分看法都是错误的。在这些理论中,甚至是那些公认的理论家最初信奉的看法其实早就不可信或是不值得一信了。但是,不可思议的是,这些理论却已牢牢地扎根在你永远都搞不懂的流行文化中。

在这些错误的理论中,也许最大的一个谬论就是沟通,不管婚姻专家的理论方向是什么,不管你选择的是短期疗法还是长期疗法,也不管你是向大众媒体进行咨询,你得到的建议基本上都大同小异,那就是要学会更好地沟通——为了解决婚姻中的冲突而需要专门学习的,获得持久和幸福婚姻的捷径。

为什么这种方法会如此盛行呢?其实,道理很容易理解。当大部分夫妻发现彼此之间有冲突的时候(无论是短暂的口角战,还是大吵大闹后的冷战),他们每个人都会为战斗胜利而做好准备,他们是如此关注自己受到多少伤害,并致力于证明他们自己是对的而他的伴侣是错的,当然,他们也会采取互不理睬的态度,以至于导致双方的沟通渠道被封锁或完全关闭。

因此,静下心来,认真、深情地聆听对方的观点,让夫妻双方找到妥协方案，并让婚姻重新恢复平静，这种方法似乎是颇为明智的。而且大多数婚姻治疗师使用的也无非是不同形式的积极倾听这种方法。比如，治疗师也许会督促你尝试成为某种形式的倾听者。

"我理解你的痛苦"

哈瑞斯常常工作到很晚才会回家，为此他的妻子凯丝常常感到很苦恼，在接受婚姻调解咨询时，治疗师这样要求凯丝："在你表达自己的不满时，应该以述说自己的感受为主，而不是大声控诉你的丈夫。"

治疗师还建议凯丝不能这样说："你太自私了，总是工作到很晚才回家，让我一个人带孩子。"而应该这样说："哈瑞斯，你工作到很晚才回家，家里只有我和孩子，这让我觉得很孤单，有些不知所措。"

治疗师又要求哈瑞斯复述凯丝说过的这两段话，并说一说他对这番话的感受，并把他的看法向凯丝核实，看他是否说对了（这意味着哈瑞斯在积极倾听凯丝的话）。

治疗师还要求哈瑞斯证实凯丝的感觉，哈瑞斯得让凯丝知道，他认为这些话是合情合理的，即使他不同意她的观点，他也会非常尊重并同情他的妻子。哈瑞斯可能会说："我工作到很晚才回家，你一个人在家带孩子一定很辛苦。"

与此同时，治疗师还要求哈瑞斯不要及早对凯丝的抱怨下任何判断，也不要为自己辩护。"我在听你讲""我理解你的痛苦"这些话不失为普通的积极倾听术语。

迫使夫妻双方从对方的角度看待他们的分歧，期望夫妻在不生气的情况下解决问题，无论夫妻双方的冲突是来自购物单的长短，还是来自生活目标的重大分歧，这种冲突消解法经常被推荐使用。很多时候，这种方法不仅被人们当做解决婚姻问题的灵丹妙药，还被当作防止幸福婚姻变质的补药。

在理想的状态下，既然婚姻是一种让人们感到安全的关系，那么，训练夫

妻实践这种无条件的理解似乎要有意义得多。如果婚姻关系中的任何一方都能体谅另一方的观点，那么，冲突消解法实施起来肯定容易得多。

为何积极倾听常常会如此失败

然而，很多以冲突消解法为基础的婚姻疗法都有很高的复发率，实际上，这种类型的婚姻疗法最高的成功率只有35%。也就是说，只有35%的夫妻在接受这种疗法后，他们的婚姻生活会出现明显的改善。不过，一年之后，能保持治疗后的效果的人却少了一半，仅有18%的婚姻生活有所改善。如果你真正理解了这一点，也就不难理解为何积极倾听常常会如此失败。

虽说哈瑞斯可能会竭尽所能地仔细倾听妻子凯丝的抱怨，但是，他不是一个以第三者的身份倾听病人发牢骚的治疗师，尽管他的妻子表面上是在诉说自己的感受，但是背后说的却是他。面对这样的批评，或许有些人会表现得宽宏大量，但是，你或你的配偶不可能和他们中的某个人结婚。当当事人的婚姻步履维艰时，这种积极倾听的方法却要求夫妻双方彼此以冷静、客观的态度用心倾听对方的心声，这显然就是在表演一场高难度的体操。

如果在你看来，认同和积极倾听确实能让你和配偶之间的冲突变得更容易解决，你就坚持使用它。不过，有些情况下，这也只是偶然有用，要知道，光凭这个是无法彻底挽救你的婚姻的，即使它能使你们的争吵变得更"温和"，或者使你们的争吵不那么频繁，而看看那些幸福的已婚夫妇，也可以有激烈的争吵，而大声的争论也并不一定会损害婚姻质量。

一项针对650对夫妻且长达14年的婚姻生活的跟踪，让我们明白了一点：这种咨询方法不起作用，不仅是因为大多数夫妻不可能做得好，更重要的是因为成功地解决冲突并不能使婚姻变得幸福。在这项调查研究中，还有一个最令人吃惊的发现，那就是当夫妻不安的时候，维持幸福婚姻的大部分夫妻不太会做任何事情，甚至类似积极倾听的事情也做得很少。在这些调查研究中，有这样一对夫妻，他们的故事或许会告诉我们，为什么大部分婚姻疗法是失败的。

卡洛儿和费奇这对夫妻在结婚45年后，突然一天，卡洛儿告诉费奇，她宁愿他们当初不要孩子。卡洛儿的这番话显然激怒了费奇，随

之而来的便是打破所有积极倾听规则的谈话。在这次谈话中,两个人开门见山,直接表明了自己的观点,没有包含大量的认同或同情。

费奇:"如果我同意你不生孩子,你觉得你会过得很幸福、很快乐,对吗?"

卡洛儿:"费奇,对我来说,生孩子简直就是一种侮辱。"

费奇:"哦,不。等一下。"

卡洛儿:"难道我们做女人的,天生就只是生孩子的工具吗?"

费奇:"我不是……"

卡洛儿:"我只是想和你一起享受生活,而不是当苦力。"

费奇:"稍等,现在停一分钟。我觉得我们现在讨论的问题已经不是生孩子这么简单了,我认为你忽视了重要的生物学上的因素。"

卡洛儿:"你看看吧,所有幸福的婚姻其实都是没有孩子的。"

费奇:"你说的是谁?"

卡洛儿:"温莎公爵夫妇!"

费奇深深地叹了一口气,无奈地说了句:"拜托!"

卡洛儿:"他是国王,娶了一个高贵的女人,他们有一段无比幸福的婚姻。"

费奇:"我不认为这是一个恰当的例子。她都已经40岁了,即使生孩子也很难。"

卡洛儿:"不是,她没有孩子,而且他爱上她也不是因为她打算要生孩子。"

费奇:"事实上,卡洛儿,生孩子确实是一种生理上的需要。"

卡洛儿:"我觉得你认为生孩子只是需要,这简直是在侮辱我。"

费奇:"我也没有办法,我忍不住要说出口。"

卡洛儿:"那好,我们要举办一个舞会,没孩子之前要好好地享受一下二人世界。"

费奇:"好,我也想举办一个舞会,有孩子的父母参加的。"

卡洛儿:"我可不想举办那种舞会。"

也许费奇和卡洛儿的婚姻并不是你所想象的那么完美,但是45年来,他们一直过得很幸福,两个人都认为他们对自己的婚姻非常满意并且深爱着对方。

毫无疑问,这对夫妻一直有类似的公开争吵,但是,他们的争吵也并不是以生气告终。每次争吵之后,他们都会继续讨论为什么卡洛儿会这样看待母亲的身份。在卡洛儿看来,最令她惋惜的是,自己没有抽出太多的时间陪伴费奇,她希望自己在今后的日子里不要总是这么的暴躁和疲惫。卡洛儿这么说的根本原因是,她太爱费奇了,她希望自己能够有更多的时间和费奇在一起。事实上,当他们解决这个问题的时候,他们流露出的都是爱与欢笑,而且从他们的心跳和血压上来看,也没有显示出他们很痛苦的样子。

很显然,在这对夫妻之间存在着某种积极的因素,恰恰是这个因素改变了他们的争吵风格。然而,无论这个因素是什么,强调夫妻要进行良好沟通的婚姻咨询并不能帮助他们解决问题。

别让沉默"断送"婚姻

结婚久了,很多人都会有这样的埋怨,两个人变得没有话说了,沟通也变得困难了,可是两个人的生活已经成了一种习惯,还有孩子也成了彼此之间割不断的线,所以,这种生活在同一屋檐下,睡在同一张床上,却一天讲不上几句话的夫妻却成了最熟悉的陌生人。

晚饭后,当孩子们跑到外面去玩儿的时候,怀特和凯丽通常都是相伴着围坐在餐桌边,悠闲地说着他们这一天是怎样度过的。

一天晚上,凯丽提到了一个她和同事在工作中遇到的问题。在怀特看来,解决办法是显而易见的,并建议她支持这个同事。

可是,这样的答复却让凯丽感到有些恼火,因为怀特急于给她提意见,却没有了解她工作环境的细节,这可触犯了她。结果,凯丽突然叫回孩子,说是要帮他们复习功课。一时间,厨房桌前的亲密时刻被打破了。

又一个晚饭后,凯丽把脚放在怀特的椅子上,怀特告诉她,那天他是多么享受驾驶他好友的新跑车,他和凯丽回忆起他们在大学校园约会时他开的那辆老野马。

突然间,怀特又提到纳税的时间要到了,一听到"税"字,凯丽一下子变得烦躁起来,因为钱和税收让她觉得压力很大。只见她突然

站起来走到厨房里,埋着头处理洗碗机前的一大堆碗碟。怀特感觉到自己似乎说了什么触犯了她,但还是不清楚到底是因为什么。

这次晚餐交谈后的几天,凯丽提出了一个改变他们每年假期安排的例行方案。她想把与她的家人一起度过的感恩节,同与怀特家人一起度过的圣诞节对调一下。对于怀特来说,这是一个敏感的话题,因为他的家人非常虔诚,而且亲戚们不管远近都会一起来庆祝这一基督教的神圣节日。

于是,凯丽解释了一下她对此事的感受,但是怀特却已经下了这样的结论:她从来没有真正地倾听过他的想法。然后,他转身愤愤地离开了。

"你要去哪里?"凯丽问。

"去洗手间。"怀特说。

凯丽在桌边等他,但他上了楼便没有再下来。

这是一个典型的家庭模式。在凯丽和怀特当中,可能你会挑出上例中你觉得对的一方,试图去选择你的立场,但关键不是谁对谁错,重要的是,注意事件显现的模式。

某个晚上,凯丽突然决定要在一个特定的时刻帮孩子复习功课;而另一个晚上,她为了终止要继续下去的讨论,又突然不得不去洗碟子。同样,怀特以去洗手间为由而再没有回来为终结。

所有关于凯丽的和怀特的活动,对他们自己来讲当然都是合理的,但是我们要注意到,重点在于时间。凯丽从餐桌旁站起来时,是她感觉被触犯的时刻,怀特也是一样。这就告诉我们一个微妙的信息,那就是"如果你这样,我就离开"。因此,即使没有意识到这一点,随着时间的推移,他们开始回避某些敏感的话题,以避免失去伴侣在桌边的陪伴。

在这个案例中,我们已经看到了夫妻二人处理婚姻紧张气氛的三种主要形式:投射到孩子身上、指责伴侣、与伴侣疏远,很显然,这是婚姻的无声杀手。

为了求得婚姻上的和谐,我们正经受着情感和亲密关系的缺失。但是,我们必须明白一点：偶尔的争论比回避对方而慢慢变得麻木要好得多。在婚姻关系中，逗笑、寻乐、做爱，都比为孩子们做很多事或是做家务要好得多。

让距离如此危险的，也许是我们完全的视而不见。当我们大发雷霆时，你几乎没对你的行动进行选择，你的按钮就被启动了，突然有些行动就变得"紧急"了，而你已经离开了那里。毕竟，当我们疏远我们伴侣时所采取的行动，看起来似乎比一场令人不快的争吵更高尚、更必要。

然而，距离却是极其阴险的，因为它发展起来缓慢得让我们注意不到。因为每次我们回避伴侣，都是对他或她的疏远。十天或十个月的距离意味着在房子里可以做很多事情，但是，十年的距离很可能意味着我们的性生活已经很少，我们对伴侣的麻木也已经超过了感情。

看看那些前来寻求婚姻咨询的夫妻，当他们描述各种问题时，总认为那些是引起他们婚姻不和的原因。然而，实际上，他们的许多问题都仅仅是隐藏在他们婚姻疏远模式下的症状。每当他们分析起理由来连续数小时都没有问题，但是当问到他们是如何与对方保持距离的时候，却经常会遭遇沉默和空白的凝视。

不得不说，这是一个至关重要的信息，因为随着时间的推移，如果越是回避伴侣，就越会制造出许多不幸的婚姻。一旦你离开你的伴侣，你很有可能就会走近你的孩子，而过度的教养还会造成许多家庭问题。反之，如果我们不与伴侣那么疏远，伴侣也就不会逃离到孩子那儿，孩子也不会因为焦虑而受伤害。

到底是你变了，还是他变了

每当婚姻亮起红灯的时候，人们往往会想，他（她）变了，不再是当初结婚时的那个他（她），也有人会说，只要我们相爱，就可以排除万难。当然，男人也可能会想："我是男人，怎么可以为了女人说变就变？"也可能有的女人会想："我太自私，怎么可以一味地要求男人？"难道结婚就一定意味着成熟，生活幸福就应该一成不变吗？

现实生活中，我们经常会遇到这种情况：那些前来咨询婚姻的人往往会一口咬定，他们的婚姻之所以会陷入危机是由于配偶的性格变了。

男人们总是振振有词地抱怨说："我们的关系之所以到了今天这个地步，完全是她的责任。是因为她变了，不再是当初我们结婚时的她了。可是，她偏偏不承认，非说是我变了，并且要求我调整自己。真是荒唐，她怎么可以提出这样无理的要求，强迫我改变自己呢？"

女人们则愤愤不平地说："他变了，不再是我们以前结婚时的他了。现在我们不再聊天了，不再一起散步了，我们之间似乎已经没有共同语言了。说得难听一点，他回不回家，我都觉得无所谓。现在，除了他挣到的薪水以外，在他身上我看不到还有什么可取之处。"其实，这些男男女女犯了两个致命的错误。

首先，他们没有认识到，其实每个人的性格都在不断地发生着变化，而且我们也应该承认一点：随着时间的推移，每一个心智健全的人都会在改变的过

程中变得越来越成熟。下面这个故事就是一个例子。

一位丈夫和婚姻专家曾探讨过他的婚姻问题。他是这样说的:"最近几年,我的妻子一门心思地扑在事业上,每个月有好几天要陪客户在外面吃饭、应酬,把我一人撂在家里。对此,我非常生气。"

要知道,在他们婚后的最初十年中,这位妻子每天晚上都会早早回家,不仅准备晚餐,还主动干这干那,并且把孩子们照顾得很好。但是,最近几年,她却一心只顾追逐自己的梦想,把目光投向自己的事业。由于她在时间上的投入和工作上的努力,最终也赢得了升职的机会。但是,从此以后,他的妻子便更加关注自己的事业,把生活的重心由丈夫转向自己。正是这一系列的变化,让这位丈夫一口咬定,就是这个改变使他们的婚姻最终破裂了。这位丈夫还跟婚姻专家说:"她彻底变了。现在她只为自己着想,只顾和别人共进晚餐,不关心家人。"

在这个案例中,由于妻子决定挑战自我,所以,掀开了生命的新篇章。可是,作为丈夫,不仅不为她的进步喝彩,反倒还把她挑战自我的愿望当成婚姻破裂的导火索。可想而知,这位丈夫以这样的视角看问题,必定会对他们的婚姻和家庭生活造成致命的影响。但是,他却并没有意识到,自己一直在原地踏步、停滞不前,所以才会对伴侣取得的进步不以为然。

但是,如果事情照这么发展下去的话,这对夫妻的差距也势必会在不知不觉中越拉越大,距离越来越远,失去尊重的感觉也会与日俱增,到最后,甚至还会觉得整个世界都把他们抛弃了。因此,我们想提醒大家的是,必须学会接受改变,认识到改变是婚姻关系中的一种必然现象。否则,两个人要么离婚,要么与配偶的矛盾不断升级,一直在绝望中挣扎。

其次,夫妻双方应该携手共进。许多婚姻中的一方总是一味要求另一方不断进步,而自己却不思进取。

同样是婚姻咨询的例子,一位妻子向研究婚姻和家庭问题的权威

专家谈起她的婚姻时,坦率地承认自己挖空心思,想让丈夫变得越来越好,可是,这位妻子丝毫没有认识到,她已经把一切责任统统推卸到她的丈夫身上,在她看来,她的做法却是一种美德,是很有意义的。实际上,她不应该把一切希望都寄托在丈夫身上,自己也应该付出努力,自己也需要改变一下自己。然而,直到她的丈夫提出离婚,她才意识到自己是多么的苛刻,丈夫能和自己相处是多么的不易。但是,一切都为时已晚。

如此看来,这位妻子根本没有觉察到他们的婚姻已经出现裂痕,事实上,接受改变才是美满婚姻的秘诀之一。然而,遗憾的是,很多人往往很难做到这一点。

这是因为社会上一系列约定俗成的错误看法对这些人产生了潜移默化的影响,早已在他们心中扎了根,使他们不由自主地对改变怀有抵触情绪——不仅自己拒绝改变,也排斥对方的改变。然而,正是这些错误看法阻碍了许多夫妻的心智走向成熟。在下一节,我们将阐释六种普遍的错误看法,其中有些看法对男女两性产生的影响不尽相同。

改变没有你想象的那么难

在上文中,我们说到了正是一些错误的看法阻碍了许多夫妻的心智走向成熟。本节我们即将说明一下这些普遍的错误看法,其中有些看法对男女两性产生的影响不尽相同。然而,只要我们愿意做出改变,就没有我们想象的那么难。

误区一:成年人不需要改变

很多人往往会理所当然地认为,他们结婚的时候已经长大成人、思想成熟了,但是,成长是个持续不断的过程。如果一个人到了22岁就莫名其妙地停滞不前,那么他一定是个迂腐的家伙。

比如,当朋友们围绕一个饶有兴味的话题正聊得起劲时,这种人往往会把一些陈芝麻烂谷子折腾出来,大侃特侃,结果把别人的兴趣一扫而光。再比如,由于一次失败的约会而痛苦万分的女人,无论如何也走不出阴霾,一辈子都会困在记忆里,念念不忘。这些人是很难与人相处的,因为他们只会老调重弹,无法提出新想法,给婚姻生活注入新的活力。

一个人在情感上是否成熟,直接关系到他是否有能力实现生命中的重大转变。举例来说,许多经验丰富的咨询师给吸毒酗酒成瘾者提供心理咨询时,往往能推断出他的病人从多大时开始吸毒酗酒成瘾,因为无论他们的实际年龄长到多大,心理年龄从那时起便已停止增长。这些人没有沿着正常、健康的轨道成长,只是把毒品或酒精当成排忧解难的良药。正是由于他们的心智发展受到

阻碍，所以不管对他们使用改变心智、改善精神状况的药物进行治疗，还是采用有效的回避疗法，都无法让他们回到正轨，健康成长。由此看来，与心智发展不正常的人维持长久和谐的婚姻关系是相当不易的。

从这个角度上说，如果一对夫妻的确和十年前一般无二，或是与他们当初结婚时一模一样，那么，也许他们在心理上不大健康，而且他们之间的关系也只会一直维持原样。

误区二：现在做出改变的一方以后不必再调整自己，这样彼此关系才会一直稳固

在美国底特律的郊区，有一家以生产汽车燃油泵而闻名的公司。二十多年来，在汽车业，这家公司设计、生产的燃油泵一直备受赞誉，获得了举世瞩目的成就，世界上几乎所有主要的汽车生产商都在使用他们生产的燃油泵。

但是，最近几年，情况却发生了变化。大批大批的买家觉得燃油泵的噪声太大了，所以他们开始退货。为了向顾客做出交代，这些汽车公司要求这家公司彻底重新设计、改装这些燃油泵，否则他们就要取消以后的合作计划。

可是，在接下来的一段时期，这家公司没有做出任何革新，依旧是生产旧产品。转眼间，这家公司和主要客户之间的关系变得十分紧张，几乎丢掉了大部分生意。

二十多年来，一项令人赞叹不绝的设计一直备受欢迎，可是，为什么忽然间遭到冷落呢？这并不是由于这件产品变了，而是由于社会变了。

在这些年里，尽管这家公司的燃油泵只发出一点噪声，可是现在这个缺点却变得非常突出，甚至面临着被市场淘汰的命运，这是因为其他的发动机零件制造商都纷纷推出了几乎无噪声的产品。

在商界，这种现象被称为"吃老本"。在过去，很多人曾一度认为使一家公司走向辉煌的产品会一直使这家公司长盛不衰。但是，在商场上，这种想法却是错误的。当然，在人与人之间的交往中、在婚姻关系里，亦是如此。我们过去的成就并不能预示将来的成功。只有我们调整自己，适应爱人的需要，未来的道路才会变得更加平坦。所以，请大家记住这句话吧，不要以为昨天助你

成功的办法今天依然适用。

误区三：改变会使一对夫妻渐行渐远

很多人当初在结婚的时候，总认为自己在对方眼中是个很完美的人，但是即便如此，你也需要不断地改变、成长，满足你爱人的需要，使你的伴侣现在依旧会选择你。

仔细分析一下幸福的婚姻与不幸的婚姻，我们就知道两者之间最大的区别是什么了，那就是和谐的夫妻总是建立新的纽带、拥有新的体验，两人始终相亲相爱，而不和谐的夫妻既不改变自己的性格，也不改变自己的做事方式，总是拘泥于过去，婚姻生活俨然一潭死水。

我们都曾见过一些白头偕老的夫妻，相伴几十年仍然相爱如初。在很多人看来，他们之所以能够达到这种境界，是因为他们实在太幸运了，一生之中没有发生过什么巨大的变化，但是如果你有这种想法的话，那么实在是大错特错。事实上，无论是抚养孩子，还是外出工作，都会遇到这样那样的压力，没有一个人可以风平浪静地度过一生，当然，这还包括一些无法预料的变故。实际上，每对携手走过漫漫长路的夫妻都会共同经历一些人生中大大小小的灾难。

也许，你会想当然地认为生活中的创伤性事件，比如死亡或是重病，会导致夫妻离异，不过，这里却要告诉你，事实恰好相反，多数研究结果早已证实：那些一同经历过创伤性事件的夫妻在接受调查时往往会说，尽管事件本身令人痛苦，但是它给婚姻带来的影响却是积极的。不仅如此，他们还说，自从发生了这样的事情，他们更加关心别人的感受了，与家人和朋友之间的关系也变得更加紧密了。更难能可贵的是，当他们经历过这样的悲剧以后，都更加珍惜自己的生命，并且让自己的生活过得更充实。

事实的确如此，与那些正在进行婚姻治疗的不和谐夫妻相比，共同经历过创伤性事件的和谐夫妻往往更能增进彼此之间的感情，原因在于通过这些事件，这些夫妻增强了自己处理改变的能力，可以更加从容地面对生活中发生的任何意外，而且夫妻之间的关系也变得更加牢固了。因此，成功的伴侣并不在困难面前退缩。他们做出改变、调整自己，把他们之间的纽带系得更紧。

误区四：知心爱人不需要改变，爱的力量可以穿越重重困境

每当那些准备步入婚姻殿堂的年轻人被问起"为什么会做出这项决定"这样的问题时，他们的回答总是一模一样："因为我们相爱。"当我们再继续问他们，准备怎样处理婚后那堆不可避免的问题时，他们很可能会像看着一个白痴一样，把刚才那句话又重复一遍，说他们结婚，是"因为我们相爱"。这些年轻人之所以会这样回答，是因为他们持有一个很普遍的错误看法——在许多人看来，只要他们相爱，所有的问题都可以迎刃而解。

但是，事实却并非如此。虽然相爱是一件非常美好的事情，但只不过是两个人关系中最简单的一部分，因为这一切都是自然而然发生的。当我们不知不觉地"坠入爱河"时，我们感性的一面就会占上风、驾驭一切，而理性的一面却被迫让到一边，不起任何作用。所以，相爱容易相处难这句话才会广为流传。

随着时间的流逝，如果你的另一半整天窝在电视机前的沙发里，或是做了一些又愚蠢又自私的事情，或是在教育孩子方面与你产生了分歧，那时候你该怎么和他继续相处呢？很显然，你们进入了"困难时期"，彼此之间越来越不容易相处。尽管你们依旧相爱，但是面对眼前这一系列棘手的问题，你们却无论如何也解决不好。

正因如此，所以那些相处多年的夫妻会告诉你，爱情不是万能钥匙，你一定要琢磨清楚怎样处理坠入爱河之后接踵而至的那些问题。虽说找到一位真正与自己情投意合的爱人是相当不易的。但是，婚姻比这复杂得多，它可是一生的承诺。而且，我们最终的心愿并不仅仅是相恋，而是相守终生。

所以，当你和你的爱人一起步入婚姻殿堂时，你们一定要认识到你们二人之间的关系需要不停地迈上新的台阶。这就意味着，你性格中的某些独特之处，即使当初很吸引你的另一半，随着时光的推移，也许最终会变得令对方反感，甚至厌恶。换句话说，为了使你们的感情永远保持鲜活，你们必须不断地重塑自己的性格。

因此，仅仅是两个人相爱还远远不够，只有夫妻双方都知道怎样接受改变、怎样解决问题，并且怎样在产生隔阂时协调彼此之间的关系，你们才能长久地相处下去、相伴终生。

误区五：拒绝改变并不是婚姻走向失败的主要原因

尽管多数夫妻认为，是不忠、精神虐待、无尽无休的争吵、彼此之间不可调和的矛盾等因素导致婚姻走向失败。然而，如果婚姻中没有出现这些问题，他们就觉得一切正常。

诚然，很多人在结婚的时候都具有各种各样或大或小的性格缺陷，但是，这些沐浴在爱河中的伴侣俨然可以包容一切。然而，就在两个人牵手向前走的时候，一个接一个的障碍物出现在他们面前，要求他们一次又一次地做出调整、适应、让步。

不得不承认，做出这些改变需要成熟的心智、对彼此的尊重以及双方的心甘情愿。可是，成长是一个漫长、循序渐进的过程，不能一蹴而就，所以，他们的尝试很可能会反反复复地受到挫折。

久而久之，不信任感就会在他们心底悄然滋生，随后，他们不再像之前那样尊重对方，亲密感也在一点点地腐化，婚姻关系遭到了严重的威胁。渐渐地，配偶双方都感到痛苦和绝望，开始互相憎恨。显而易见，这一切必将导致争吵不休、不尊重对方、不忠，甚至还有更严重的后果。很明显，这一现象反应出一个更为严重的问题——这些夫妻没有能力成长和改变。

误区六：改变意味着背叛自己

男人们普遍认为妻子正是由于他们身上具备的许多优秀性格特质才嫁给了自己，所以她们并不需要丈夫成长和改变。而且，男人们一想到要改变自己，摒除某些旧习惯、旧想法，就觉得自己的人格好像受到了侮辱。于是，改变就显得毫无意义。对这些丈夫们来说，把自己变成一个对妻子俯首帖耳、言听计从、软弱无能的胆小鬼，就意味着投降认输，甚至是背叛自己。但是，事实并非如此。如果男人们尽到做伴侣的责任与义务，在相处过程中不断地调整自己以适应对方的需要，那么终究会一步步走向成熟。

然而，遗憾的是，在我们身边总是不乏这样一些男人，虽说他们也认为自己的确会变，但是他们却觉得志趣不会变、信仰也不会动摇，而且还会按照自己的意愿做出决定；真正发生在身上的变化只是自己处理问题的方式成熟了很多，并且当生活中出现意外时，也已经有足够的心理准备能够镇定自若地应

对。持有这种错误看法的丈夫需要认识到，改变自己并不意味着你要舍弃自己原先拥有的性格特征，而是要挖掘出你性格中蕴藏的新特质，当然，你也无须为婚姻生活而放弃自己过去热爱的一切。

事实上，男人之所以拒绝改变自己，并不是因为他们自己对改变怀有恐惧心理，或是无法调整自己，而是因为他们大半生都承受着巨大的同等压力，而且总有人给他们出一些听起来仿佛是远见卓识似的"馊主意"。这两点原因使得他们对改变充满抵触情绪。

这些类似至理名言一样的"馊主意"包括：

1．"兄弟，无论如何也不能对老婆让步。"言外之意是她一心只想着左右你。一旦你让了一步，就会一失足成千古恨。

2．"女人总是满腹牢骚，永远不会知足。让她们抱怨吧，别理会。"男人眼里的女人总是唠唠叨叨惹人厌，无论你做什么都根本就没有办法让她们觉得满意。

3．一位丈夫准备与朋友待在外面，正要给家里的妻子打电话征得同意的时候，他的朋友往往会这么说："行了吧，哥们儿！你的生活谁做主？"男人们总是认为真正的男子汉就是要随心所欲，不受约束。

4．"想干什么就干什么，不用征求她的意见。如果有什么不妥，过后向她道个歉就行了。我就是这么干的。"事后请求原谅要比事前征得同意强得多。

5．"女人就是这样，你根本没法取悦她。不管你做什么、怎么做，她都不会满意。所以，既然你满足不了她，索性不如先满足自己再说吧。"反正她永远都不会知足，不如你索性为所欲为，满足自己。

其实，这些所谓的远见卓识只不过是一些错误的偏见。可是，这些幼稚的、有害的思想严重阻碍了男人们的心智发展与成熟，使他们无法与配偶建立起相互尊重的夫妻关系。由此看来，改变是一种很自然的现象，是走向成熟的途径，并不意味着你要彻头彻尾地变成另一种人。

男人出轨背后的真相

男人婚后总会有"出轨"的想法，或主动、或被动，婚姻中也有"三年之痛""七年之痒"一说，那么，什么样的男人婚后出轨的可能性较大呢？

最近一段时间，贝蒂非常伤心，因为她都怀孕六个多月了，丈夫卡尔却在外面有了别的女人。虽然卡尔口口声声地说决不会抛弃贝蒂，但也无力地要求贝蒂不要管他的事，还承诺定期会给贝蒂生活费用，也会继续帮忙照顾孩子、做家务，承担丈夫的责任。

想当初，两个人恋爱的时候，卡尔对贝蒂是那么的百般呵护，结婚后的很长一段时间也是一副新好男人的形象，做各种家务，常常无条件满足贝蒂的各种撒娇、耍赖。大家都说贝蒂运气好，遇到了这么一个好男人。

可是，让贝蒂万万没有想到的是，结婚还不到两年，丈夫就在她怀孕的时候做出这样的事情，更可气的是，就算被自己发现以后，也丝毫没有悔意。

婚姻专家曾一再告诉我们，要想结缘一段幸福的婚姻，婚前的选择往往比婚后的苦心经营还重要。关于这一点，中国的一句古话也曾给过同样的忠告："江山易改，本性难移。"那么，什么样的男人最容易在婚后有出轨行为呢？

我们又该怎样甄别，避免遭遇像贝蒂这样的处境呢？

第一种是总觉得自己不值得爱、不够成功的自卑男人，他们在婚后出轨的可能性会大增。通常，如果一个男人说他配不上你，那么，他不是谦虚，而是真的配不上你。多数时候，一个人是否优秀，外人说了是不算的，要这个人自己感到自己是优秀的才行。所以，那些看起来事业成功、样貌出众、颇受异性倾慕的人，在他们的骨子里，依然有可能会觉得自卑。不过，他们会把这种自卑的感觉隐藏得很深，只有到了夜深人静的时候，感受才会更强烈。为了对抗这种自卑的感觉，他们中的有些人就会期望选择一个自认为比自己优秀的伴侣。

现实生活中，那些渴望找到各方面条件都比自己优越的人做自己另一半的人，其实在他们的心里往往隐藏着极大的不自信，他们急需依靠伴侣的优越来弥补自己内心的"不足够"。然而，这种人在婚后出轨的可能性往往会比较大，这是因为自卑源于他们的内心，外人只能暂时、部分地填补那种不足够的感觉。而且和一个他认为非常优秀的伴侣在一起，日子久了只会让他更加自卑。在这种自卑心理的影响下，这种人会不由自主地渴望找到更加优秀的人，或是找一个比自己弱的人来崇拜他，好让他有一种被仰视的快感，从而提升自信和自尊感。这就是为什么有些男人在各方面的条件明明都不如女方，可是最终出轨的却是他的原因所在。

第二种是那种在生活和事业上缺少长远规划的人，他们或缺少明确的目标，或没有什么业余爱好，同时也没有烟酒、赌博等不良嗜好，只是内心极度空虚的男人。

生活中，每个人的欲望都不可能完全被满足，会有一些被社会规则压抑的原始欲望，比如贪婪、虚荣、冒险等，也会有很多由于生存而带来的压力感和压迫感。这些能量不会因为被忽视、被压抑、被谴责而消失，反而会一直存在着。作为一种能量，唯一能够解决它的方法，就是疏导排解。

对于大多数人而言，他们往往会把这些能量转化为动力，比如，用于自己喜爱的业余爱好，用于自己内心需要的生活和事业目标，这些都能给他们带来一种精神上的愉悦和满足感（暂且不考虑是长久的还是短暂的）。但

是，如果一个人觉得以上这些方式都不适用或是没兴趣的话，那么，他就会感到非常的压抑和空虚，那种感觉就像是无底又具有强大吸力的黑洞，让人倍觉恐惧而心生逃避的想法。然而，一旦滋生了逃避的想法，人们就会在慌乱中随便找点什么来填补自己，比如网络、药物依赖，当然也会投向外遇或不带感情色彩的性等。

第三种是在结婚之前爱情观就不严肃，性价值观比较开放，不认为性忠诚是婚姻的责任和承诺的男人。

故事中贝蒂的丈夫在妻子怀孕期间出轨，而且在被发现之后，不但没有一丝歉疚，反而变得理直气壮。事实上，贝蒂的丈夫在恋爱时就已经表现出婚后可能会出轨的种种迹象了，比如，当初他边和贝蒂约会，边和其他女孩玩暧昧；在他的公文袋中，贝蒂还发现过安全套。然而，面对贝蒂的质疑，他的反应却是勃然大怒，非但没有给出合理的解释，还指责贝蒂不该乱翻他的东西，更可气的是，他还认为男人本来就是上半身和下半身分开的动物，玩几次性游戏不能算对感情关系的不忠。

我们很难用道德层面的好或不好来评判贝蒂的丈夫。对他来说，那只是他喜欢的生活方式，他只是按照自己的方式去经营他的人生，这本无可厚非。而贝蒂呢，她明明知道丈夫是怎样的人，却梦想着总有一天他能为自己改变，因而选择嫁给他——不得不说，这实在是个天真的想法。

最后，还有一种婚后容易出轨的男人，他们往往具有很强的虚荣心，缺乏自我独立意识、凡事随波逐流。

当今社会是一个到处充斥着快餐文化的时代，每个人都在匆匆地生活，来不及去想自己真正想要的是什么，也来不及核对现在行走的是不是自己真正想要走的路，只是看到大家都这样，所以自己也随波逐流。

在这种社会大环境下，如果一个男人对很多事情都缺乏自己独立的思考和判断能力，又有很强的虚荣心，爱与周围人作比较的话，那么，他们看到周围的人做什么就会盲目地跟风去做。这种时候，如果他身边的朋友有出轨行为，或者朋友告诉他现在身边跟着年轻女人，会让他显得有面子、有派头，那么，他很可能也会这样做——之所以这样，只是为了得到所谓朋友圈子的认同感。

你能做出怎样的改变

虽然爱、尊重、价值观和共同的兴趣爱好是保障婚姻关系和谐的必要因素，但是它们只是基本条件，想要保证婚姻关系的长久、和谐、稳定，仅凭这些是远远不够的。那么，我们怎样才能判断出究竟自己和伴侣自身有多大的潜力，又能做出怎样的改变呢？

下面这个小测试建议夫妻二人共同来完成，以此断定在调整自己、改变伴侣、改善彼此关系等方面，你们的潜能究竟有多大，经过努力后，可以取得多大的进步，以及彼此之间是否能够敞开心扉，发自内心自觉自愿地想要做出改变。先请夫妻二人独自完成测试，然后再一起讨论结果。

1. 你和你的伴侣处理问题的能力怎么样？

你：

A. 非常好　　B. 较好　　C. 较差　　S. 非常差

你的伴侣：

A. 非常好　　B. 较好　　C. 较差　　D. 非常差

2. 当你和你的伴侣面对新情况，尤其是难以驾驭、别无选择的情况时，是否能够随机应变？你们的表现又是如何呢？

你：

A. 非常好　　B. 还行　　C. 不好　　D. 糟糕

你的伴侣：

A. 非常好　B. 还行　C. 不好　D. 糟糕

3. 当这些新情况对你们的关系造成影响，你们能够承受多大压力，是否能做到和睦相处呢？

A. 可以，几乎没有任何矛盾。

B. 可以，但有小矛盾。

C. 很难，矛盾不断。

D. 不可以，在一起就发火。

4. 如果你和你的伴侣在出现新情况时没有随机应变，这样的失败会对你们的关系造成怎样的影响？请举例说明。

5. 如果你和你的伴侣在出现新情况时能够随机应变，这样的成功会对你们的关系产生怎样的影响？请举例说明。

6. 你和你的伴侣的性格可塑性强吗，以后可能被改造吗？

你：

A. 很有可能　B. 有些可能　C. 不大可能　D. 绝不可能

你的伴侣：

A. 很有可能　B. 有些可能　C. 不大可能　D. 绝不可能

7. 如果让你们的朋友和家人回答上面的问题，他们认为你们二人的性格可能被改造吗？

你：

A. 很有可能　B. 有些可能　C. 不大可能　D. 绝不可能

你的伴侣：

A. 很有可能　B. 有些可能　C. 不大可能　D. 绝不可能

8. 在你看来，你和你的伴侣有能力调整好自己吗？你和你的伴侣能够顺利改善彼此之间的关系吗？对于你们二人的能力和你们关系的前景，你又是怎么看的呢？

你：

A. 很有能力　B. 还行　C. 不大有能力　D. 没有能力

你的伴侣：

A. 很有能力　　B. 还行　　C. 不大有能力　　D. 没有能力

你们的关系：

A. 非常好　　B. 还行　　C. 不大好　　D. 一点也不好

9. 你和你的伴侣遇到问题时，你们是愿意向对方倾诉，还是避而不谈呢？

你：

A. 立刻把心中的所有想法向对方倾诉出来。

B. 先在心里憋一阵子再说。

C. 尽可能地逃避，直到出了麻烦才不得不说。

D. 即使这个问题出了大麻烦，仍旧逃避。

你的伴侣：

A. 立刻把心中的所有想法向你倾诉出来。

B. 先在心里憋一阵子再说。

C. 尽可能地逃避，直到出了麻烦才说出来。

D. 即使这个问题引发了矛盾，仍旧一味地逃避。

10. 当你和你的伴侣之间出现矛盾时，通常你们会怎样解决？

A. 我们倾心交谈，尽可能找到一种合理的解决方式，使两个人都觉得满意。

B. 我们在互相尊重的前提下，经过争论后找到一种解决办法。

C. 我们回避这个问题，盼着它能自动消失。

D. 我们争吵不休，始终无法调和矛盾。

11. 你和你的伴侣以怎样的语气和态度谈论你们之间出现的问题？

A. 我们在相互尊重的基础上，冷静地交谈，赞同并接受对方的观点。

B. 我们赞同彼此的观点，但仍旧认为自己的看法更正确。

C. 我们互相大吼大叫，蔑视对方的观点，对对方的想法不屑一顾。

D. 我们根本不把问题说出来。

12. 一般来说，你和你的伴侣之间的问题最终是怎样解决的？

A. 我们在互相尊重的前提下，双方各让一步。

B. 我们没能达成共识，而是保留了自己的意见，但我们互相尊重对方的看法，而且并不因此而对对方反感。

C. 为了避免矛盾激化、情势恶化，最后其中一方投降了。

D. 我们之间的冲突从未被化解过。

虽说这个小测试没有严格的计分标准，只是个工具，你也并不能通过它准确地判断出自己是否能够和伴侣建立起理想的婚姻关系，但是这些问题都很重要，而且在回答上述问题的时候，你一定要做到百分百地诚实。如果你对自己的回答非常不满，还可以再思考一下下面几个问题：

你认为自己能够找到一条捷径，避免矛盾发生吗？

你是否明白，无论一对夫妻多么相爱，仍然无法仅凭爱情走完余生的漫漫长路，仅仅建立在爱情之上的婚姻关系往往注定会走向失败。

当你们的婚姻关系需要你调整自己时，你是否会心甘情愿地以积极的心态准备改变自己？

你会自愿做出改变，还是只有在配偶的监督下，才会调整自己？

这些改变会使你欢欣鼓舞吗，还是你会由于自己"被迫"做出改变而心怀不满、愤愤不平？

很多人似乎把婚姻视为马拉松赛跑——从结婚的那天起，他们就开始向前跑，此后多年一直不停地向前跑。虽说他们已经很吃力了，却还是不知能否到达终点。其实，婚姻并不是马拉松，而是"十项全能"，它包括一系列截然不同的项目，选手需要在每一个项目中采用不同的策略和技巧才能取得胜利。因此，想要建立起美满、和谐的夫妻关系，就要在每一个项目中发挥出最高水平，而不仅仅是到达终点。弄明白这一点，并牢记在心，你就可以轻松自如地调整自己、做出改变，从容地迎接每一轮新的挑战。

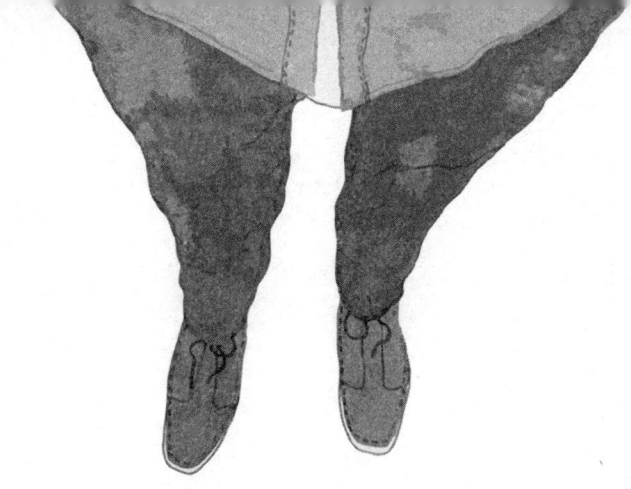

09
结下幸福姻缘的心灵法则

婚姻需要我们用智慧去经营和规划，不把它当成爱情的终点站，而把它看作是人生的一个里程碑，在婚后生活中，不断地注入自己的爱和能量，自然能让你的婚姻赢在起点，决胜终点。

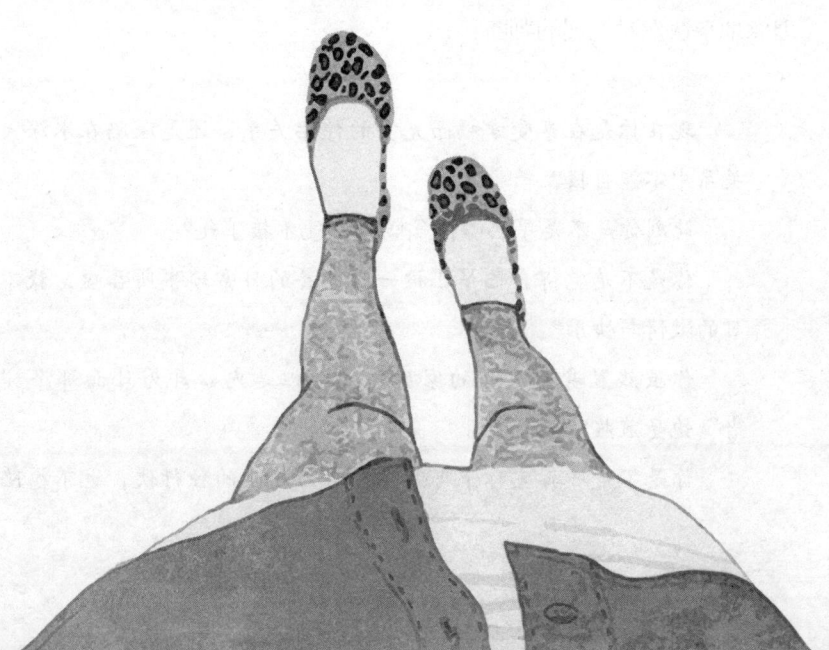

爱自己,和谁结婚都幸福

幸福的伴侣生活从爱自己开始

你是否认识这样的伴侣,他们不是来自哪部电影或哪本小说,而就是在你的身边,他们共同生活了二十多年,直到今天他们的婚姻生活依然充满活力,彼此还能不断寻找着生活的乐趣。

或许你的情况刚好相反,你是不是早已对这样的观点深信不疑:随着时间的推移,任何一种关系都会失去活力而陷于停滞状态;揭开婚姻的神秘面纱,看到的只不过是一地鸡毛的现实。或许,对你而言,即便是在最佳的状态下,婚姻也不过是生活的保险箱,里面储存的也是一点点的信任罢了。现在,请你坦率地承认你对现实的判断:

现在你是在享受幸福而充实的伴侣关系,还是深陷在水深火热的关系中不能自拔?

此刻你是不是早已心慌气喘,上气不接下气?

你是不是觉得自己早已被一日三餐的日常琐事所吞噬,找不回往日的激情与快乐?

你虽然置身于安全的家庭环境,但是内心却为外面那个"第三者"饱受煎熬?

你是不是一再宣称宁可做一个自力更生的独行侠,也不愿陷入两

性关系的不毛之地，苦苦挣扎？

你累了吗？你想甩开所有这一切的羁绊与重负吗？你正在考虑分手吗？

你觉得自己只是一个整日循规蹈矩、兢兢业业地为家庭打工，为儿女操劳的家庭奴隶吗？

坦率地说，在很多人的婚姻历程中，很多人仍然无法知道，这条婚姻之路究竟会将我们引向何方，但是尽管如此，我们仍然能清楚地看到，正是这些危机给予了我们极大的帮助与支持。因此，我们可以说，危机保证了婚姻的健康发展。

现在，为了保障伴侣关系的长期稳定和发展，我们需要搞清楚一个重要问题，那就是，伴侣关系不是生活的保险箱，也不是让我们在紧张的工作之外用来休养生息的度假村。伴侣关系给了我们一个发展自我的机会，通过对这种关系的不断调整，我们将获得源源不绝的新能量。

如果你不幸陷入了严重的关系危机，或是被日常生活的平庸烦琐湮没，原因只有一个，那就是，你拒绝了对自我的发展与完善。下面这个故事就是一个典型的范例。

在一家婚姻咨询所，来了一位饱受负疚感折磨的人，他就是莱特。多年来，莱特的情感生活总是在出轨，他一而再再而三地背叛自己的妻子而上了陌生人的床。对于自己的行为，莱特表现得十分无奈，他是这样表达自己的感受的："令人着魔的就是那样一种活力，放弃理性的控制，让自己率性而为。但是，尽管如此，我还是很爱我的妻子，根本不愿意离开她。"

每当这种事情发生时，莱特觉得自己就像被撕裂成两半，一边是对生命活力不可抑制的渴望，而另一边则是与家庭患难与共的亲密感。然而，随着谈话的逐步深入，莱特发现对他来说外遇越来越失去了意义。因为他发现，这么多年以来，他自己其实一直都在试图适应

家庭生活，就像他从父亲那里学到的那样。

随着莱特对自我认识的逐步深入，那些被压抑的需求与感受也渐渐地浮出水面。于是，莱特与家人的关系也变得越来越紧张。那些长期没有得到解决的问题被放到了桌面上，有些问题甚至直接指向他的婚姻。

终于有一天，一向习惯沉默寡言和心门紧闭的妻子坐了下来，说出了她的心里话："过去几个月，简直就像坐过山车一样。不过，现在我终于可以承认，其实我自己早就不想再维持下去了。"其实，这正是莱特夫妇向美好的伴侣关系迈出的第一步。

那么，如何才能使黯淡的家庭生活重获生机呢？尤其是当你的婚姻走进死胡同并亮起红灯时，该如何寻找出路呢？治疗这种关系危机的灵丹妙药就是"爱自己"。"爱自己"的神效就在于，它具有起死回生的魔力，可以令你调整自己的焦点，将注意力放到你自己身上，而不再只是关注别人。我们有理由相信，这一灵丹妙药足以用来应对一切破坏我们婚姻生活的灾难与病患。

和谁结婚都一样

为了能够超越自我摆脱困境，下面的表述或许有些夸张，甚至还会刺激到你的神经。但我们还是要说：你和谁结婚结果都一样。这话听起来简直理性得令人失望，毫无浪漫色彩，但是你必须知道，其实一切都无所谓，不论你遇到谁，最终你都不可能抛开你自己，必须要面对的人还是你自己。而你的另一半则不过是你的对立面而已，即使是在最理想的情况下，你也不过是通过他的存在来发现自己爱的能力。经过一段时间的相处之后，你会更多地发现自己那些没有得以实现的愿望以及你个人的局限性，还有那些掩藏在你内心深处的伤害。

如果你确实想要在建立并发展伴侣关系方面有所收获的话，那么，现在你所拥有的这份关系就是你能得到的最好结果，即便你正为此沉闷郁结、心痛欲碎，因为对你而言这份关系就是一个艰巨的考验，而战胜这一考验的过程正是强化并拓展你适应婚姻和发展情感能力的最佳机会。因为你在这份关系中集聚

起来的冲击力正好可以将你积压在心头的坚冰顽石彻底粉碎,将抑制并扼杀生活中一切喜悦快乐的恐惧彻底清除。事实上,你所有的紧张与压力都来自一个目的,那就是为了真正拥有爱的能力。如果你觉得我们简直就是在痴人说梦的话,那么,不妨问问自己这样几个问题吧:

你们的婚姻是不是早已千疮百孔?
你们之间是不是只剩下摩擦和冲突?
你的伴侣是不是处处压制你,冷落你,经常不关心你?
你的伴侣是不是不断在外面拈花惹草,屡屡向你发动炮火攻击?
在这种情形下,难道你还有能力去爱吗?如此糟糕的两性关系又怎么可以称为是最适合你的呢?

其实,当你与伴侣的关系陷入危机时,恰恰是你们加深对彼此认识的最好时机,只要你透过自己所扮演的角色,认真看看幕后的真相,就可以揭开自己的面具。同时,你还可以透过伴侣的表象,看清他真实的内心世界,或许那也是一颗伤痕累累的心。于是,你很可能会发现,他恐怕未必就是那个恶人与罪犯,他带入婚姻的只不过是另一种性格、另一份伤害,或是另一种经验而已。

如果我们换个角度,或许会发现正是这种相互作用和相互影响的过程,才能让我们从中发现一个全新的自我,并由此改变对他人的看法。

当然你也可以继续寻寻觅觅,搜寻新的伴侣。然而,在此之前,你必须明白这样一个真相:首先,这个世界本身就不存在真正完美的人,我们每个人身上都背负着恐惧、缺陷和伤害;其次,你和你找到的人能走多远,只决定于你能跟自己走到哪里。你能爱他多深,也只取决于你爱自己有多少,你自己才是你在生活中爱的极限。所以说,如果你想在生活中获得爱,那么你必须首先成为一个优秀的爱人。对于这样的爱人,我们要赋予一个全新的意义:不再是一心渴望俘获梦中情人与理想婚姻的人,而是一个让爱来战胜自己内心的恐惧、用爱来消除自我防御机制的人。

重要的不是他怎么想

处理婚姻关系时,最有益的事情就是学会关注自我。也许,很多人认为这简直就是在胡言乱语,但是看过下文,你就不会这么认为了。

凡是幸福美满的婚姻都是以"关注自我"为前提,因为任何一对婚姻美满的夫妇都是由两个思想健全、人格独立的人结合在一起,才会造就一段美满的姻缘。为了伴侣的利益,这两个独立的个体需要不断改进自我,他们既不会为了可能的分离而忧心忡忡,也不会为了必须在一起而紧张焦虑。实际上,他们会关注自己的一言一行,因为这都在他们自己的掌控范围以内,而不去斤斤计较伴侣的一切举动,他们很清楚,这不是他们所能控制的事情。

只有如此,人们才能真正享有最为渴望做的事情——与另一个心甘情愿与自己共同选择、共同希望、共同梦想、共度此生的人建立起真正的密不可分的关系。

对于这种婚姻模式,也许很多人并不熟悉,在这些人看来,只有牺牲自我、相互妥协、迎合伴侣,不断适应才能成就美满的婚姻。然而,从本质上说,所有这些教你关注伴侣而非自己的婚姻专家的谆谆告诫本身就有着太多的误导,它们不仅让你误入歧途,而且还会对你的婚姻造成严重的伤害。

在这里,我们倡导的就是这样一种崭新的婚姻模式。也许现在的你已经对此有所了解,但是对于大多数人来说,尤其是对于那些曾经屡受误导的人们来说,这种婚姻模式一定闻所未闻。可以肯定的是,我们不是第一个倡导这种模

式的婚姻专家。事实上,在过去的数百年中,有不少学者都曾阐述过"两个以自我为中心的主体"的这一概念,甚至,几乎所有的传统宗教与哲学都不约而同地强调过"自觉"与"自律"的重要性。

古希腊人早就告诉我们,在所有人当中,我们最应当认识的就是自己。自律被认为是一种比其他任何财富都更有价值的品质,因为无论你的伴侣或是其他身旁的人做出怎样的选择,他都应当对自己的选择负责。耶稣也曾以"欲正人者必先正己"这样的话来劝诫世人,这与这里所说的更加关注自我而非他人的行为是一个道理。而甘地的箴言"要想改变世界,首先要改变自我"更像是对上述思想传统的总结。

对于上述这些观念,也许大多数人都有所耳闻,但是很少有人会用它们去指导自己的婚姻关系。因为我们总认为这些只不过是一些泛泛而谈的传统教条,而不是指导自身行为的实际原理。不得不说,这真是我们莫大的悲哀。

实际上,这里所倡导的婚姻模式完全可以帮助我们缔造美满的婚姻关系,而实现这一切只需要我们自己做出转变。就像开始说的那样,你要学会关注自我。当然,这里所说的关注自我并不意味着要有一种"除了自己什么也不管"的态度,因为这种自私自利的做法是不值得提倡的。事实上,对于自私自利的人而言,不仅会以自我为中心,而且还会强迫他人也关注自己。当他们希望别人也按照某种方式思考、感受或是行动以迎合自己的需要时,其实只是为了自己的利益而关注他人,这同样也是一种自私自利的表现。换句话说,那些以自我为中心的人必然会关注周围人的所作所为,因为只有关注他人,他才能让他们多多关注自己,或者让他们的言行举止符合自己喜欢的方式。

由此看来,要想收获幸福美满的婚姻,你没有必要在正确的时间说出正确的话来,也没有必要彻头彻尾地了解伴侣,当然,更没有必要为了迎合另一半的需要而牺牲自己的人生。

你所拥有的，正是你所期待的

潜意识里的惊人力量

你和你的伴侣是否正处于冷战状态？你是否早已在这场战争中精疲力竭？你是否经常对自己说："我们之间的一切不过是一场噩梦、一个错误。苦海无边，我要去哪里找寻我想要的幸福？"

很抱歉，老实说，你现在所拥有的这份关系，或者也可能是一种并非关系的关系，其实就是你潜意识里所相信并期待的结果，无论你是否认为它适不适合你，事情就是如此。

说到这里，就无法回避这样一个令人难以理解和消化的问题：在每个人的潜意识中都存在着某种距离，存在着某种程度的不安感和孤独感，而这一切又会不断地在我们的生活和伴侣关系中重复出现。

其实，早在我们与伴侣一起体验这一切之前，我们早就经历过了。无论这是多么的令人痛苦绝望，在婚姻关系中被激发出来的控制欲望和推动这一关系所发展的原动力，原本就是我们自身系统早已熟知的。

或许你会问："此时我正经历的所有糟糕透顶的一切、所有的阻力和痛苦，难道都是我曾经遭遇过的，是我的潜意识自找的吗？难道所有这一切都是我自己想要不断重复的吗？"

没错，的确如此！或许听起来有些苦涩，但是在伴侣关系中，我们的确毫无自由可言。我们看上去就像一台电脑，总是喜欢自动重启同样的，甚至经常

是老掉牙的系统。

为了帮你尽快理解这一点，这里有两个数字很重要。虽说每一个孩子在学校里都应该学过这两个数字，但是我们中的大多数人对此却并不认识：科学研究证明，我们对自己的认识，大约有96％是潜意识的，而只有4％是我们能够明确意识到的。

只有4％？此时此刻你一定会想："这难道不是说，对于自己，我们毫无概念吗？也可以说，我们根本就不认识自己吗？对于我的生活，我所能感知到的，其实只有可怜的4％，难道只有这么一点点是我自己可以控制的？"

是这样的，我们对很多事情的认识其实只有极少的一部分。对此，现实生活中的你肯定深有体会。或许你尝试过减肥，要不就是戒烟；或许你想过增加运动量，决定不再跟你的爱人或情人见面。至少你那4％的意识可以做出良好的打算："从今天起，我不能再贪吃！不能再吸烟！不能再呆坐！不能再外遇！一切都该结束了！"

尽管这种情况下，你可以意识清醒地对自己说："我的态度是认真的，我的动机是强烈的。"然而，不幸的是，你还没能坚持多久，就有一股意想不到的力量从你内心深处冒了出来，这股力量甚至可以完全改变你那有意识的良好计划。

转眼间，欲念让你情不自禁，一切的信誓旦旦灰飞烟灭：你的嘴里又冒出了一块巧克力，你又一次点燃了香烟，你又和几个哥们儿去外面喝酒了，你又跑去会见那位秘密情人了。看看这些例子吧，你可以清楚地看到更强大的那部分自己：属于潜意识的占去96％的那部分的你，陌生却又强大无比。很显然，潜意识显然占据了绝对的优势。

通往幸福的伴侣关系

现在，你是不是已做好了接受一份更亲密关系的准备，但是在此过程中你却发现，另一个人根本无法像你想的那样真正走近你？于是，你肯定会这么问自己："如何才能在我的潜意识领域里，最终揪出那阻挠我们爱情的破坏者？"如果你有足够的勇气，在这里我们可以给你指明几条捷径。

第一条捷径：全心全意毫无保留地爱上你自己，无条件地接受一个完整的

自己，而且你不仅要接受那个表面上的自己，还必须接受那个隐藏在外表之下的完全未知的自己，不论你遇到什么情况，都要满心欢喜地接受它。

其实，潜伏在潜意识深处的并不是魔鬼，伺机而动的恰恰是你内在的非常宝贵的资源——这是你天性的一部分，也是你的才能。然而，一旦这些天性上升到你的意识层面，很可能令你感到不悦，那是因为随着时间的流逝，许多原本对你非常重要的东西都被逐渐封锁压抑到了意识的最深处，因而消失在潜意识里了。而其最根本的原因或许就在于，你曾经因此遭过谴责、受过伤害。

第二条捷径：认真观察一下，在你的伴侣身上，有哪些性格特征是你不喜欢的。也许下面的观点听起来可能让人觉得不舒服，但它却是真实的。正是那些你在伴侣身上不能容忍的东西，向你透露着某种重要的信息，而且这些信息又恰恰折射出你内心之中被压抑的部分，从而让你发现自己的阴影。

比如，他总是悄悄地躲着你，那么，就请坦诚地问问自己，你究竟有多渴望放开自己，还自己一片自由的天空？再比如，她总是紧紧地拽住你，似乎总想从你这里得到什么？那么，就请同样坦诚地问问自己，究竟从什么时候开始，你不再向对方展现你的内心世界，你的情感已经冷冻到了什么程度？而你又是多么残酷地控制着自己，不让自己去满足情感的需求？

我们可以给你提供的最佳捷径就是敞开你的心胸，真诚地面对你内心的敌意，即便这份仇视和愤懑令你难以下咽。要知道，正是让你耿耿于怀的一切和你有着难解难分的关系。而你的敌意也恰恰是你天性中的一部分，尤其是在自我分裂的层面上，更显示出了你内心深处的自我敌视和自我拒绝，而这些都已被你深深地抑制到了潜意识层面。

不得不承认，面对并接触别人身上不被我们喜欢，甚至是仇视的那些特质，需要很大的勇气，但是这对我们的确很有帮助。当我们接近这些特质时就会发现，它们所显示的总是与我们特别想要成为的人或特别想要的东西背道而驰。因此，它们让我们觉得不舒服，我们不喜欢它们，哪怕它们本来就是我们的一部分。不过，当我们可以接受自己内心的阴影时，我们就能学会放松地生活，并且不断在生活中发现更多的可能。

并非事事都能如你所愿

人生在世，会经历各种各样的事情，有时候还会发生意想不到的事，这一切就好比变化多端的天气。本来阳光灿烂，很可能突然就会乌云密布，雨点降落，瞬间大雨倾盆；本来狂风大作，雷电交加，很可能突然就会立马雨过天晴。

正如无法预测的天气一样，在我们的人生中，也同样会碰到许多意料之外的事。想想看，结婚的时候，谁会想到自己的丈夫或妻子会爱上另一个人，出轨的事情怎么会发生在自己身上呢？但是，生活中的确会发生这类难以想象的事情。结婚了，有人会想到有朝一日要离婚吗？可是，离婚的事却偏偏时有发生。

生孩子、养孩子是人生的一件大事，每当遇到这种事，每个人都会觉得自己的孩子肯定是这个世界上最善良、最美丽、学习也最好的。不过，事实呢，又有多少孩子不仅学习不好，还动不动惹是生非，让父母头痛不已呢？再比如，很多人都以为自己这一辈子就要在这家公司勤勤恳恳地工作了，然而，突然有一天，你却离开了这家公司，这种感觉对你而言，似乎像是晴天霹雳一样。

炎热也好，寒冷也好，刮风也好，下雨也好，不受外界环境的束缚，这至关重要。本来想要移苗，可是阳光十足，暴晒不已，那就去锄草，或者喷农药。本来准备去喷农药，可是突然下起了雨，那就不妨把小苗移到后面的田地

里。如果下雨了，那就打着伞；如果雨下大了，那就穿雨衣。如果实在下得太大，那就索性在家做做家务好了。不管天气怎么样，我们都能应对自如，这样做好充分的准备才是更明智的方法。

我们的人生也是如此。每个人都希望丈夫早早回家，妻子温良贤淑，孩子品学兼优，全世界的人都对自己赞不绝口、刮目相看。虽说我们每天都期待有好事发生，那就一定能解决人生问题吗？当你想要的东西得不到的时候，你是不是会特别烦恼和痛苦？

每个人的愿望会全部实现，这可能吗？不可能。我们不可能想要什么就有什么。如果我们所有的心愿都满足了，那么，整个世界岂不变得混乱不堪？殊不知，世界之所以能够正常运转，正是因为每个人的心愿没有全部得到满足。

如果我们只看到自己，永远都不会知道这个道理。这时，如果你能够回头看看别人，马上就会知道自己有多么愚蠢了。总有一些心愿，不管你多么虔诚地祈祷，终究都不可能实现。不能实现的心愿，难道就是有问题的吗？别担心，不能实现也不会有任何问题。对于任何人来说，他的所有心愿都不可能全部实现，别忘了，人生不如意事十之八九。

然而，令人遗憾的是，很多人却根本不知道，痛苦的根源往往就在于，有些人偏偏觉得自己所有的心愿都应该实现。正是介于这一点，很多人才无法摆脱痛苦。其实，只要是你想做的事情，大可去尝试，成功了最好，即便不成功也不要紧。就算是现在没有做成，等日后再看的时候也未尝不是件好事。

如果你领悟透了这个道理，就不会对人生过于苛求了。

越乐观,越幸福

夫妻关系不和,会代代相传

如果父母关系不和,动不动就发火,那么,在这种家庭中成长的孩子,心理或多或少会有不安的成分,像父母一样经常动不动就发火。要知道,正如肉体会跟随基因代代相传一样,习惯也会代代相传的。坏习惯更是在所难免。

举例来说,如果父亲是胃癌患者,那么,他的子女患上胃癌的可能性往往会更大。这不是基因问题,而是因为子女继承了父亲的饮食习惯。

> 有这样一位妻子,总是很讨厌她的丈夫,不仅精神上厌恶,而且肉体上也很抗拒,那么接下来会发生什么情况呢?每当她的丈夫碰到这位女士的身体时,她的厌恶情绪就会达到全身痉挛的程度。长此以往,她的身体也很可能会出现异常。

要知道,我们一旦产生压力,身体里就会有所反应,而这个负面情绪又总是围绕厌恶和憎恨打转转。恨对身体没有一点好处,悲伤也会令人沮丧,焦躁和不安更不利于身体健康。像厌恶、憎恨、悲伤和焦躁不安等这些心理上的不稳定要素会严重损害我们的健康,而且还会像传染病那样悄无声息地蔓延着,尤其容易传染给子女。

这种时候,我们应该让这些不稳定要素在自己这一代终止,同时,还要努

力培养孩子，不让孩子遗传种种不利身心健康的习惯。

一般来说，孩子在六七岁的时候，他们的习性就已经养成了。种子埋在那里，也许短时间内不会发生什么大问题，但是，等到了青春期，问题就会接二连三地出现了。第二次"发病"就是在结婚之后。

孩子们在很小的时候所受到的刺激，往往很少会在五六岁的时候发生什么精神上的异常反应，大部分在进入青春期才开始出现症状。遇到升学压力或者恋爱失败，脆弱的链条就会断裂，开始"发病"。

面对孩子的种种反应，作为家长很少懂得这种因果关系，以为孩子是因为恋爱问题、交了坏朋友、升学压力，或者受欺负才这样。实际上，发病的原因是脆弱的链条到了极限。所以，对于婚后养育孩子的妈妈来说，一定要保持心情的平静，这样才能更好地保护好自己的子女。

尽可能乐观地看待伴侣的一言一行

可是，现实生活中，很多妻子常常会有诸多的不安情绪，使妻子感到不安的因素主要来自哪里呢？丈夫。只有对丈夫没有不满，妻子的心情才能平静。

然而，在我们的周围，作妻子的无不想改变丈夫，如此看来，缓解自己的不满是多么的不易。妻子越是想要改变，夫妻之间的争吵就会越激烈，不满也会越来越多。这种情况下，妻子需要做出更多的努力，尽可能地用乐观的眼光去看丈夫。

这里并非是说丈夫做得有多么的好，只是希望你用乐观的眼光去看他而已。举例来说，即便丈夫喝得醉醺醺而晚回家，妻子也要用乐观的眼光去对待这件事。如果丈夫12点回家，不妨这样想："是啊，今天比昨天还早点儿呢。"如果丈夫喝了酒，就想总比喝得酩酊大醉，被人背回来的好。这就是乐观的态度。这里绝不是说丈夫就做得对，不过，既然事情已经发生了，那就乐观地面对，这样对自己也有好处。

要想拥有这样的心态，用乐观的眼光看待当前的问题。首先，要学会乐观地看待自己的父母。不能因为小时候看过父母吵架，就认为自己从父母身上继承了火气，这是用悲观的眼光看待父母的表现。

不妨想想看，你自己结婚后怎么样，是不是也吵过架？肯定十有八九会说吵过，也肯定发过火。

"在我小的时候，总感觉爸妈都是大人，现在我也三四十岁了，觉得这个年龄好像也没什么特别之处。当时，爸爸之所以经常喝酒发火，可能是因为工作不顺的缘故吧。现在，我想对爸爸说一句'对不起，当时我年纪小，不理解你'。妈妈和爸爸在一起生活，也肯定是吃了不少苦头。我又总是不懂事，爱说顶撞的话，妈妈，你辛苦了。"

我们应该经常这样去理解父母，忏悔自己对父母的埋怨。这不是说，你曾经做错了什么，而只是为自己不理解父母、埋怨父母的行为忏悔。这样一来，通过肯定的眼光看待父母，那些日久天长积聚在心底里的对父母的否定认识自然会逐渐消失。

悲观变乐观

站在妻子的角度来说，我们还要做到努力不和自己的丈夫发生矛盾。丈夫通过努力使你们之间不发生矛盾，这当然是好事，但是通过自己的行为，阻止矛盾的发生，更有必要。

比如说，如果你看不惯丈夫喝酒的样子，那就先忏悔自己的表现，同时向丈夫做感谢祈祷："亲爱的，谢谢你，能够宽容我这个坏脾气的女人，维持着我们的夫妻关系。"

再比如说，看到孩子生气发火，我们不应该和孩子针尖对麦芒，而是应该想"这都是跟我学的""对不起，是我让你受苦了"。实际上，只要有了这种心理，即使看到孩子生气发火，也能冷静地面对。

"好吧，我知道的，好的。"这种养育孩子的方法跟盲目溺爱不一样，这是对孩子的充分理解。

不过，严格说来，我们根本没有必要为伴侣或是子女的做法而痛苦，如果你因此而痛苦，那么，你就只能生活在痛苦中了。

所以说，学会用乐观的眼光看世界，用乐观的眼光看自己身上发生的事，我们才会活得自在、幸福。

后记
爱是一门艺术

爱是一门艺术吗?如果爱是一门艺术,那就要求人们有这方面的知识并付出努力。或者爱仅仅是一种偶然产生的令人心荡神怡的感受,只有幸运儿才能"堕入"爱的情网呢?这本书以第一种假设为基础,而大多数人毫无疑问相信第二种假设。

但这大多数人绝不认为爱情无关紧要,相反他们追求爱情。悲欢离合的爱情电影他们百看不厌,百般无聊的爱情歌曲他们百听不烦。但他们之中没有人认为,人们本可以学会去爱。

他们之所以持有这种特殊态度是有其各种原因的,这些原因反过来又分别地或总和地加强了他们的这一态度。大多数人认为爱情首先是自己能否被人爱,而不是自己有没有能力爱的问题。因此对他们来说,关键是:我会被人爱吗?我如何才能值得被人爱?为了达到这一目的,他们采取了各种途径。男子通常采取的方法是在其社会地位所允许的范围内,尽可能地去获得名利和权力,而女子则是通过保持身段和服饰打扮使自己富有魅力;而男女都喜欢采用的方式则是使自己具有文雅的举止、有趣的谈吐、乐于助人、谦虚和谨慎。为了使自己值得被人爱而采用的许多方法与人们要在社会上获得成功所采用的方法雷同,即都是"要赢得朋友和对他人施加影响"。事实上,我们这个社会大多数人所理解的"值得被人爱"无非是赢得人心和对异性有吸引力这两种倾向的混合物而已。

产生在爱这件事上一无可学这一看法的第二个原因是人们认为爱的问题是一个对象问题,而不是能力问题。他们认为爱本身十分简单,困难在于找到爱的对象或被爱的对象。

产生这一看法有多种原因,这些原因的根源基于现代社会的发展。其中有一个原因是20世纪在选择"爱的对象"方面所发生的巨大变化。19世纪在许多传统的文化中爱情往往不是自发的、最后导致婚姻的个人经历。婚姻多半是通过男女双方的家庭、介绍人或者在没有撮合者的情况下以条约的方式确定下来并进行的。婚姻要门当户对。至于爱情,人们认为婚后自然而然就会产生。但最近几十年来,浪漫式的爱情这一概念在西方世界已被普遍承认。尽管传统形式在美国依然可见,但人们更多的是寻求"浪漫式的爱情",寻求个人的会导致辩证法的爱情经历。这种自由恋爱的新方式必定会大大提高爱的对象的重要性,而不是爱情本身的作用意义。

同这一因素紧密相关的是当代文化的特点。我们的全部文化是以购买欲以及互利互换的观念为基础现代人的幸福就是欣赏橱窗,用现金或分期付款的方式购买他力所能及的物品。反之亦是如此。"有魅力"一般就是指这个人有许多令人喜爱、目前又被人问津的特点。

什么东西能使一个人有魅力则取决于一时的时髦,这不仅指一个人的生理条件,也包括他的精神气质。20年代,一个抽烟、喝酒、难以捉摸和有性感的女子被看作是富有魅力,而今天则要求女子能操持家务,为人要谨慎。19世纪末、20世纪初富有刺激性和雄心勃勃的男子具有魅力,如今却是心地厚道的男子更受欢迎。(归根结蒂爱情的产生往往是以权衡对方及本人的交换价值为前提。)我想做一笔交易,那我既要考虑从社会价值的角度出发,对方值不值得我追求,也要考虑基于我的一目了然的实力以及潜在的实力,对方会不会看中我。这样当男女双方感觉到在考虑到他们本身的交换价值的情况下,已经找到市场上所提供的最合适的对象,他们就开始相爱。在这笔交易中,如同购买地皮一样,对方的有发展前途的潜力也起到很大的作用。在一个商业化占统治地位以及把物质成功看得高于一切的文化中,事实上是没有理由对下列事实抱有吃惊的态度:人与人之间的爱情关系也遵循同控制商品和劳动力市场一样的基

本原则。

产生在爱情这件事上一无可学这一看法的第三个错误是人们不了解"堕入情网"同"持久的爱"这两者的区别。如果我们用falling in love和being in love这两个英文搭配也许就能更清楚地区分这两个概念。两个迄今为止同我们一样是相互陌生的人，当他们突然决定拆除使他俩分隔的那堵高墙，相许对方，融为一体时，他俩相结合的一刹那就成为最幸福、最激动人心的经历。这一经历对那些迄今为止没有享受过爱情的孤独者来说就更显美好和不可思议。这种男女之间突如其发的奇迹般的亲密之所以容易发生，往往是性的吸引力和性结合密切相关或者恰恰是由此而引起的。但这种类型的爱情就其本质来说不可能持久。这两个人虽然熟谙对方，但他俩之间的信任会越来越失去其奇迹般的特点，一直到失望和无聊把一息尚存的魅力都抹掉为止。当然一开始双方都不会想到这点。事实是，人们往往把这种如痴如醉的入迷，疯狂的爱恋看作是强烈爱情的表现，而实际上这只是证明了这些男女过去是多么的寂寞。

"再也没有比爱情更容易的了"这一看法尽管一再被证实是错误的，但至今还占主导地位。再也找不出一种行为或一项行动像爱情那样以如此巨大的希望开始，又以如此高比例的失败而告终。如果是别的事，人们会想方设法找出失败的原因，吸取教训，以利再战或者永远洗手不干。但因为人们不可能永远放弃爱情，所以看起来只有一条可行的路，那就是克服爱情的挫折，找到原因并去探究爱情的意义。

在这方面采取的第一个步骤是：要认识爱情是一门艺术。人们要学会爱情，就得像学其他的艺术，如音乐、绘画、木工或者医疗艺术和技术一样的行动。

学会一门艺术的必要步骤是什么？可以简单地分成两个部分，一是掌握理论，二是掌握实践。

学医的人首先要认识人体的结构和各种疾病的症兆，但光有理论还无法行医。只有通过长期的实践活动，一直到理论知识和实践经验融会贯通起来变成灵感，也就是掌握了艺术的灵魂，才能成为一名大师。

要成为大师，除了学习理论和实践外还有第三个必不可少的因素，即要把成为大师看得高于一切，这一目标必须占据他整个身心。这一点既适用于音

乐、医学、雕塑，也适用于爱情。这里也许就解释了为什么在我们这个社会有不少人经常不断地遭受爱情的挫折，却很少有人去努力学会爱情这门艺术。人们一方面渴望爱情，另一方面却把其他的东西，如成就、地位、名利和权力看得重于爱情。我们几乎把所有的精力都用于努力达到上述目的，却很少用来学会爱情这门艺术。

难道只有获取名利才值得人们付出代价，而"爱情"只对灵魂有用，在现代意义上毫无用处的爱情只是一种奢望、一种不值得人们付出代价的奢望吗？我想，这是个值得探讨的问题。